AF612984

BIAGIO PIRÌTO

LA PORTA DELL'INFERNO

Tutto ciò che avremmo voluto sapere sul covid, ma che...

EDIZIONI WE

ISBN 979-12-80240-87-3

Via Paulli 10/A – 26015 – Soresina (CR)

www.clickpertutti.com
www.edizioniwe.com
www.facebook.com/edizioniwe
www.instagram.com/edizioniwe

PREMESSA

Al di là di ciò che è conosciuto, questo “instant book” è il frutto di mie personali teorie e valutazioni che sono contestabili, sia chiaro, sperando però con argomentazioni serie e documentate. La libertà sta anche nell’avere opinioni diverse. Ogni riferimento a fatti, persone o cose che non siano di pubblico dominio è puramente casuale.

Biagio Pirìto

PREFAZIONE

"La porta dell'Inferno" di Rodin sarà esposta a Roma, al Quirinale. Quale sarà il suo reale significato in tempi così "scuri"? Comincia così il libro di Biagio Pirìto, con questa domanda e con questo simbolo che potrebbe rappresentare il male, e con l'autore che ripercorre questi due anni di "pandemia" da "Covid-19".
Il tutto raccontato con sincerità e riflessione, ripercorrendo tutti i punti come in un'inchiesta.
"La porta dell'Inferno" è un saggio che ci aiuta a capire cosa stia succedendo e se sia stata studiata, voluta e messa in atto una "manipolazione", anche mediatica, spietata, il cosiddetto "pensiero unico" senza possibilità di replica, che può minare la difesa dei nostri diritti naturali costituzionali.
L'autore fa un rendiconto su tutto e tratta molti argomenti, anche riportando le voci di personaggi del calibro di Vittorio Sgarbi, o Massimo Cacciari, che possono essere la dimostrazione di quanto una "realtà sanitaria italiana", fatta di scandali e corruzioni (come dimostrano le numerose e continue inchieste), stia danneggiando il popolo italiano, mentre sono in molti a non rendersene conto, e che hanno modificato la loro qualità di vita.
Questo libro è scritto da una persona a me molto cara: un amico con una grande onestà intellettuale, non digiuno su certi temi, facente parte di una famiglia di giornalisti, che lavoravano quando ancora si poteva parlare di giornalismo di alta levatura.
Lui ripercorre le vicende, anche di una "mala sanità" italiana che fino a ieri faceva difficoltà a curarci con scandali di tutti i tipi, ma che oggi vuole curarci per forza.

Biagio, però, riconosce a quella parte di medici competenti e onesti, che del loro lavoro ne hanno fatto una missione senza farsi condizionare dalle "multinazionali del farmaco", quello che meritano.
Biagio ci fa capire che non può esserci ripresa economica, né libertà né reale democrazia, fino a quando saremo nelle mani di personaggi che giostrano a loro piacimento la narrazione per motivi a noi sconosciuti e finiscono con l'approvazione del "DL" sul "Green Pass", il "certificato verde", omettendo di occuparsi dei diritti della persona, e ponendo un grave ostacolo alla "libera circolazione" per gli italiani.
Il "passaporto", che toglie molti diritti e condanna con la discriminazione chi si ribella, destinandolo anche a perdere il lavoro e una qualità decente di vita, non è eticamente, scientificamente, né giuridicamente accettabile, anche per la nostra Costituzione che fino a ieri ci veniva invidiata da molti Paesi del mondo.
Insomma, questa è una situazione grave per chi non si sottomette alle "pratiche geniche sperimentali", erroneamente chiamate "vaccini".
Ecco perché questo libro è degno di nota, perché è scritto senza supponenza, con onestà, con un linguaggio fluido e fruibile da tutti.
Un libro che arriva al cuore, almeno di chi ancora ha sensibilità e sentimenti, un libro che fa riflettere e che può servire a prendere coscienza della nostra vita, a migliorarla se possibile, a crescere e a far sì che "La porta dell'Inferno" lasci presto il posto a quella del Paradiso.
Il testo è un augurio in fondo, per tutti noi invitati a scoprire o ritrovare una melodia esistenziale che sembra si sia persa.

Daniela Casadidio

LA PORTA DELL'INFERNO

Tutto ciò che avremmo voluto sapere sul covid, ma che...

Dedicato alla libertà

1. LA PORTA DELL'INFERNO

15 OTTOBRE 2021.

"La porta dell'inferno" è un'opera incompiuta che lo scultore Auguste Rodin non finì, e alla quale lavorò per più di trent'anni fino alla morte.
La scultura venne commissionata nel 1880 da Edmond Turquet, un magistrato e politico francese, allora anche "Sottosegretario di Stato alle Belle Arti" che, in quel periodo, mobilitò molti artisti favorevoli alla Repubblica, e tra questi appunto Rodin.
La richiesta era di un prospetto per una "porta ornamentale" da collocarsi al "Muséé des Arts Décoratifs" di Parigi, al tempo ancora in fase di progettazione.
I lavori sull'opera si sarebbero dovuti concludere nel 1885, ma si protrassero appunto fino alla morte di Rodin.
L'artista non vide mai terminato il proprio lavoro, ma dal suo modello in gesso vennero fusi otto originali custoditi in vari musei sparsi nel mondo.
A Settembre del 2021, uno di questi modelli è stato trasferito, tramite mezzi di trasporto speciali, dal "Musée Rodin" di Parigi alle "Scuderie del Quirinale", in Italia ovviamente, per la mostra "Inferno" curata da Jean Clair (pseudonimo di Gérard Régnier, uno scrittore e storico che è anche "conservatore generale" del patrimonio artistico francese, nonché saggista e membro dell' "Accademia di Francia") in programma dal 15 Ottobre 2021 al 9 Gennaio 2022, il che, come date, vedremo che corrisponde a qualcosa di particolare.
Rodin pensò a un portale monumentale, alto circa sette metri, ricoperto di bassorilievi ispirati all' "Inferno" dantesco.
Il tema richiesto infatti era libero e Rodin ne approfittò per

sviluppare alcuni bozzetti basati sull'opera del poeta.
Una celebre ispirazione per la scultura fu rappresentata dalla "Porta del Paradiso" di Lorenzo Ghiberti, un'opera capitale del Rinascimento situata nel "Battistero di San Giovani" a Firenze.
E allora mi chiedo come mai, in un momento decisamente tremendo come questo, il Governo Italiano con a capo il Presidente Mattarella e Mario Draghi, non abbia pensato e scelto un emblema positivo?
Vedremo anche questo.
In ogni caso, nella "Porta dell'Inferno" son presenti ben 180 figure dalle dimensioni variabili, le quali possono raggiungere anche il metro d'altezza, e qui sono riconoscibili in particolare alcuni personaggi, tra i quali Dante stesso raffigurato nelle vesti del "pensatore" al centro del portale, oltre al Conte Ugolino, macabro simbolo di cannibalismo. Ci sono anche Paolo e Francesca, che non fecero una bella fine, sorpresi e uccisi dal marito di lei tradito, mentre Francesca tentava di far scudo a Paolo. Ma entrambi furono trafitti dalla spada di Gianciotto. E infine ci sono Adamo ed Eva, scacciati dall'"Eden" in quanto responsabili del "peccato originale", di cui siamo tutti vittime oggi.
Insomma, chiari significati assolutamente negativi che ci vogliono dire qualcosa?
Penso di sì, e come può venire in mente a qualcuno proprio ora di rappresentare l'Inferno? Anche se, sia l'opera di Rodin, ma soprattutto quella di Dante, fanno parte di un patrimonio artistico di valore inestimabile. Ma forse, oggi, il popolo italiano, come quello di tutto il mondo, avrebbe bisogno di pensare al bene comune, e anche gli esempi non guasterebbero.

2. UN PASSO INDIETRO

Allora, per quanto attiene al primo capitolo, c'è da fare un passo indietro tornando al Gennaio 2020.

3. BREVE RIASSUNTO

Il 31 Dicembre 2019, ignari di quello che di lì a poco ci sarebbe capitato, abbiamo festeggiato tutti il nuovo anno come sempre, con i tappi delle bottiglie che saltavano e i trenini.

Ma l'11 Gennaio 2020 venne confermata la prima vittima cinese per Covid, e il 13 il primo decesso fuori confine, precisamente in Thailandia.

Poi si registrarono casi negli Usa e in Europa, mentre il 30 gennaio l' “Oms” dichiarò l'emergenza globale, nonché l'11 marzo la “pandemia”.

Tutto il mondo si fermò per “lockdown” e chiusure, e in autunno, anche in Italia, si ebbe la seconda ondata.

Ma a fine anno, nonostante le tante dichiarazioni di tutti gli scienziati che prevedevano tempi ben più lunghi, “miracolosamente” arrivò il vaccino, la panacea di tutti i mali, che sembra anche oggi una realtà, fittizia aggiungo io.

4. QUALCHE NUMERO

Il 2 Marzo 2021, i morti legati alla “pandemia”, nel mondo erano oltre 2 milioni, e più di 114 milioni erano i casi di contagio.
In Italia il numero complessivo dei contagiati, comprese vittime e guariti, raggiunse quota 2.955.434, e le vittime erano 98.288.
A Ottobre 2021, invece, i morti nel mondo sono circa 5.000.000, mentre in Italia se ne registrano più o meno 140.000.

5. CRONISTORIA

Il “Coronavirus” cinese fece la sua prima comparsa a Wuhan, una metropoli da 11 milioni di abitanti, capoluogo della provincia di Hubei, dando il via a quella che nel giro di poche settimane divenne un’epidemia in grado di varcare i confini nazionali.

Il 31 Dicembre 2019 le autorità informarono l’“Organizzazione mondiale della Sanità” che nella metropoli si era verificata una serie di casi di “simil polmonite”, la cui causa era però sconosciuta e il virus non corrispondeva a nessun altro noto.

Allora si cominciò a indagare sull’origine della malattia, anche se c’è da dire che i cinesi, ben molto prima, addirittura forse dall’Agosto precedente, erano al corrente di tutto e si guardarono bene dal parlarne.

L’epicentro della diffusione del virus sconosciuto venne individuato nel mercato del pesce di Huanan, sempre a Wuhan, dove negli stessi spazi si mescolavano persone e animali, anche selvatici, vivi e morti, in scarse condizioni di igiene.

Dal primo Gennaio difatti il mercato venne chiuso.

Il 7 Gennaio 2020 le autorità cinesi confermarono di aver identificato un nuovo tipo di virus, precisamente un “Coronavirus”, della stessa famiglia di cui fanno parte, tra gli altri, l’influenza stagionale, la “Sars” e la “Mers”.

Successivamente, a metà Febbraio, la rivista del “Partito Comunista Cinese” scrisse che Xi Jinping, Segretario Generale del Partito stesso, proprio e almeno dal 7 Gennaio, era a conoscenza dell'emergenza “Coronavirus” e che da quel giorno aveva iniziato a dare istruzioni sulle misure da adottare.

Ma il primo intervento ufficiale di XI Jinping, però, è datato solo 20 Gennaio.
Perché quei 13 giorni di silenzio?
L'11 Gennaio venne confermata la prima vittima del "Coronavirus", e si trattava di un uomo di 61 anni morto di polmonite.
A quel punto erano già una quarantina i contagiati nel Paese, sempre secondo le cifre diffuse dalla Cina.
Il 13 Gennaio il "Coronavirus" provocò il primo decesso fuori dalla Cina, in Thailandia, dove morì una donna appena tornata da Wuhan.
IL 20 Gennaio, appunto, il Segretario Xi Jinping sollecitava uno "sforzo totale" per frenare la diffusione del "Coronavirus" e il "Partito Comunista" minacciò di perseguire i funzionari locali colpevoli di omissioni.
Sembrava un'inversione di tendenza rispetto a quanto era accaduto nel 2003, quando la Cina tentò di insabbiare le proporzioni dell'epidemia di "Sars".
Di seguito, il "Coronavirus" fece il suo ingresso in altri Paesi vicini.
Infatti, casi di contagio, vennero confermati, oltre che in Thailandia, anche in Corea del Sud, Giappone e Australia.
Il 21 Gennaio le autorità sanitarie statunitensi confermarono il primo caso negli Usa rappresentato da un trentenne ricoverato a Everett, nello Stato di Washington. Anche lui era di ritorno da Wuhan.
Il 23 Gennaio l' "Organizzazione Mondiale della Sanità", però, ancora non dichiarava un'emergenza di "salute pubblica internazionale" relativamente al "Coronavirus", spiegando che "era troppo presto" per farlo, e i morti intanto erano saliti a 17.
Nel frattempo, negli aeroporti di diversi Paesi del mondo,

come anche in Italia, sembrarono scattare i controlli sui voli in arrivo dall'area di Wuhan e vennero anche utilizzati gli scanner per rilevare la temperatura corporea dei passeggeri. Ma il tutto lasciò a desiderare, perché i controlli non furono poi così approfonditi.
A questo punto la Cina annunciò che due nuovi ospedali sarebbero stati costruiti a Wuhan per trattare i contagiati dal "Coronavirus", rispettivamente uno da 1.000 e l'altro da 1.300 posti letto, che sarebbero stati pronti in dieci giorni.
La diffusione del "Coronavirus" ora stava mettendo a rischio i festeggiamenti del "Capodanno Cinese" e in diverse città, a partire da Pechino, vennero vietate le celebrazioni di ampia portata.
Il 24 Gennaio furono accertati i primi casi in Europa, in Francia, a Bordeaux e a Parigi, dove tre persone risultarono contagiate, ma nuovi casi di contagio, al di fuori della Cina, si registrarono a Hong Kong, Macao, Malesia, Singapore, Taiwan, Vietnam e Nepal.
Nel frattempo la città di Wuhan fu isolata.
Nessuno poteva lasciare la metropoli, il traffico di treni e aerei in uscita, di bus, metropolitane, traghetti e trasporto interurbano venne difatti temporaneamente bloccato.
Verso la fine di Gennaio, le vittime del "Coronavirus" erano oltre 100.
Il 30 gennaio l' "Oms" dichiarò che il "Coronavirus" era una "emergenza sanitaria globale", ma non venne ancora applicata nessuna restrizione.
Sempre il 30 Gennaio arrivò la notizia dei primi due casi accertati anche in Italia.
Si trattò di due turisti cinesi che erano stati ricoverati in isolamento all'ospedale "Spallanzani". Così l'Italia, tramite l'annuncio del Premier Conte, decise di chiudere il traffico

aereo da e per la Cina.
Il 31 gennaio il “Cdm” decretò lo “stato d'emergenza” per il rischio sanitario legato al “Coronavirus”.
Il tutto durò 6 mesi e vennero stanziati 5 milioni di euro.
A questo punto l'emergenza aveva già investito anche il nostro Paese con i focolai maggiori nel Lodigiano e in Veneto.
Quindi si susseguirono le riunioni fra il Premier Conte, la Protezione Civile, i ministri competenti???, e il “Cdm”, così, nella serata tra il 22 e il 23 Febbraio si varò un decreto per contrastare la trasmissione del “Coronavirus”.
Il 4 Marzo, il Premier italiano firmò un nuovo decreto in cui scuole e Università venivano chiuse fino al 15 Marzo, il campionato di calcio si sarebbe giocato a porte chiuse per un mese, e ci sarebbero state restrizioni anche per cinema, teatri e spettacoli.
Per tutti veniva consigliata la distanza di sicurezza di due metri, veniva consigliato di evitare strette di mano e abbracci, nonché l’uso di mascherine chirurgiche, di disinfettanti e il lavaggio frequente delle mani
Nella notte tra il 7 e l'8 Marzo, con un nuovo decreto, Conte limitava pure le possibilità di movimento nelle zone più colpite dal contagio, in entrata e in uscita e all'interno dei territori, e la sera del 9 Marzo, tutta l'Italia venne considerata “zona rossa”.
L'11 Marzo, invece, l'“Oms” dichiarò che quella di “Sars Cov 2” era una “pandemia”!
Intanto, nelle ultime due settimane il numero dei Paesi fuori dalla Cina che erano stati colpiti dal “Coronavirus” si triplicò.
Tuttavia, questo, per il momento, non cambiò le posizioni prese dall’ “Oms” e neanche quelle di molti Paesi.
Eppure erano ormai oltre 165 gli Stati nel mondo dove si

continuavano a registrare progressivi contagi e, dopo l'emergenza italiana, molti altri Paesi europei iniziarono a introdurre restrizioni sempre più stringenti per i propri cittadini.
Così, il 17 Marzo, l'"Ue" chiuse le sue frontiere esterne.
Il 21 Marzo Conte tornò a rivolgersi all'Italia dicendo che "questa era la crisi più difficile che il Paese stava vivendo dal secondo dopoguerra", quindi si dovevano mettere in campo nuove misure, come la chiusura di tutte le aziende non strategiche fino al 3 Aprile.
Ma sarebbero rimasti aperti i supermercati, le farmacie e altri servizi essenziali.
A inizio Aprile si decise di prorogare queste misure almeno fino al 13, ma poi ci fu la nuova proroga fino al 3 Maggio.
"Proroghiamo le misure restrittive fino al 3 Maggio, una decisione difficile ma necessaria di cui mi assumo tutte le responsabilità politiche" disse il Premier rivolgendosi agli italiani e, dal 14 Aprile, però, prevedeva alcune riaperture (ma non in tutte le Regioni) tra cui librerie, cartolerie e negozi di abbigliamento per bambini.
Il 26 Aprile, un nuovo annuncio diceva che, dal 4 Maggio, sarebbe partita la fase 2, con la riapertura della la maggior parte delle attività produttive, anche se i negozi avrebbero dovuto attendere il 18 Maggio.
Restava comunque il distanziamento sociale, il divieto di assembramento e, nei luoghi chiusi, era obbligatorio indossare le mascherine, che però in quel momento scarseggiavano.
Il 13 Maggio il Governo presentò il "Decreto Rilancio" che prevedeva una "maxi manovra" da 55 miliardi di euro per far ripartire l'economia, ma questi soldi non si è mai capito bene se siano mai stati usati o meno, almeno in parte, e tutto fa pensare che non sia stato esattamente così.
Infatti, il 18 Maggio, l'Italia sembrava provare a ripartire

con la riapertura di bar, ristoranti e negozi. Si ricominciò anche ad andare a messa, mentre i mezzi di trasporto e le strade delle città si ripopolavano.

Il tutto osservando le nuove regole di sicurezza.

Il 3 Giugno si riaprirono i confini regionali e gli italiani tornarono a essere completamente liberi di muoversi nel Paese.

Difatti quello che successe poi a Ottobre ne fu la conseguenza, e il 14 Settembre ci fu anche la riapertura ufficiale delle scuole con “nuove regole” per cercare di contenere la diffusione dei contagi.

Come detto in precedenza, a Ottobre, in Europa, però, si assisteva a una crescita spropositata di contagi in diversi Paesi, soprattutto in Francia e nel Regno Unito, ma anche in Italia.

Vennero quindi adottate varie misure per contenere di nuovo la “pandemia”.

Come stabilì un nuovo “Dpcm”, con l’obbligo della mascherina anche all’aperto, i party al chiuso vietati e, per la casa, con la “forte raccomandazione” di non accogliere più di 6 familiari o amici con cui non si fosse convissuto.

Quindi stop alle gite scolastiche, le attività di bar, ristoranti, pub, gelaterie e pasticcerie furono consentite fino alle 24.00 con servizio al tavolo, e fino alle 21.00 in assenza di servizio al tavolo.

Nella serata del 18 Ottobre, Giuseppe Conte annunciò inoltre che un ulteriore decreto sarebbe entrato in vigore dal giorno successivo.

Ci fu allora una stretta alla “movida” e arrivarono nuove regole per bar e ristoranti.

Le scuole invece rimanevano aperte, ma con una ulteriore "modulazione" della gestione degli orari d'ingresso e di uscita degli alunni.

Stop a sagre e fiere locali, mentre palestre e piscine avreb-

bero avuto una settimana di tempo per allinearsi ai protocolli di sicurezza, così come parrucchieri e centri estetici.
Nella notte tra il 24 e il 25 Ottobre il Presidente del Consiglio firmò un nuovo “Dpcm”, in vigore dal 26 Ottobre fino al 24 Novembre, con misure ancora più restrittive in tutta l'Italia.
Tra queste c’erano la chiusura alle 18.00 di tutti i ristoranti, bar e gelaterie, lo stop a parrucchieri, palestre, piscine, teatri, cinema, impianti sciistici e sale giochi.
La didattica sarebbe stata a distanza per almeno il 75% degli alunni delle scuole superiori.
La sera del 3 Novembre Conte varò altre misure che sarebbero entrate in vigore il 6 Novembre.
Venne infatti istituito un “regime di chiusure differenziate” a seconda della fascia di rischio, alla quale appartenevano le regioni: gialla, arancione o rossa e, su tutto il territorio nazionale ci sarebbe stato il “coprifuoco”, dalle 22.00 alle 05.00 del mattino.
Il 3 Dicembre arrivarono le regole per le feste natalizie, con il divieto di spostarsi tra Regioni dal 21 Dicembre al 6 Gennaio; era vietato anche uscire dal proprio comune il 25 e 26 Dicembre, nonché il 1 Gennaio.
In questi tre giorni i ristoranti sarebbero rimasti aperti solo a pranzo, con il “coprifuoco” per Capodanno dalle 22.00 alle 07.00 del mattino.
Si riaprivano tuttavia gli impianti sciistici e ci sarebbe stata la chiusura dei centri commerciali nei fine settimana, oltre alla “quarantena” per chi fosse tornato dall'estero e per i turisti che arrivavano in Italia.
Dal 7 Gennaio la didattica sarebbe stata di nuovo in presenza, almeno per il 75% degli studenti delle superiori.
Ed ecco che, il 27 Dicembre, in tutta Europa ci fu il “Vax

Day", cioè la giornata in cui vennero somministrate le prime dosi del vaccino "anti Covid" di "Pfizer-BioNTech".
In Italia i primi ad essere vaccinati furono una dottoressa, un'infermiera e un operatore sociosanitario dello "Spallanzani" di Roma.
Il 15 Gennaio 2021 Conte firmò un nuovo "Dpcm" in vigore dal 16 Gennaio al 5 Marzo, che prorogava lo stato di emergenza fino al 30 Aprile.
Fra le altre misure, fino al 15 Febbraio, ci sarebbe stato il divieto di spostamenti fra regioni, anche gialle, e lo stop all'asporto dai bar dopo le 18.00.
Caduto il Governo Conte (più in là vedremo come), il "Consiglio dei Ministri" del 22 febbraio 2021, il primo sulla crisi pandemica del Governo di Mario Draghi, approvò il "decreto legge Covid" che prorogava fino al 27 Marzo il divieto di spostamento tra Regioni, che scadeva il 25 Febbraio.
Venne prorogata anche la possibilità di far visita ad amici e parenti, se non per un massimo di due persone, più i figli minori di 14 anni, ma non in "zona rossa".
Intanto, in Italia, le persone decedute positive al "Coronavirus" arrivarono a 98.288, dato rilevato dal bollettino del 2 Marzo, e si trattava soprattutto anziani con patologie pregresse.
Erano invece 2.955.434 i casi totali di contagio, compresi i guariti e le vittime.
Insomma da tutto questo, si arriva così all'attualità, e che attualità, con tutto quello che sappiamo e che ne consegue.
O meglio, con tutto quello che pensiamo di sapere, perché alla fine, del tutto ne sappiamo proprio poco, ed effettivamente è molto di più quello che non conosciamo, ma soprattutto quello che non ci è stato e non ci viene detto.

6. LA CADUTA DEL GOVERNO CONTE

Per andare avanti con il "Coronavirus" non si può trascurare la caduta del Governo Conte, con una serie di personaggi di cui ci occuperemo man mano.
Su questa, inutile dire che potrebbe esserci stato un bel complotto, ordito ai tempi, prima di tutto dal "solerte" Matteo Renzi, insieme a degni compari per eliminare Conte e far diventare Premier Mario Draghi.
E non ci ha meravigliati il comportamento di Renzi nel momento in cui, di tutto c'era bisogno meno che di una crisi studiata a tavolino e perseguita malignamente.
Ma Renzi non era nuovo a queste imprese, e a tutta una sorta di sgambetti dai quali però, alla fine, effettivamente ha sempre tratto ben poco; difatti oggi è al 2% tra le preferenze degli italiani e si becca insulti da qualsiasi parte.
Ma il "golpe" ci fu per rovesciare il Premier Conte, in quel momento il più apprezzato dall'opinione pubblica e il più odiato dall'establishment. Anche se devo dire che poi, anche lui non è rimasto indenne dal "poltronismo". Ma tentativi di "Conticidio" falliti, ce n'erano stati almeno altri tre in precedenza, mentre il quarto è riuscito. Il tutto legato ai 209 miliardi del Recovery Fund con i quali Conte iniziò a scavarsi la fossa, ovviamente a sua insaputa. Infatti da quel momento, nell'"Italia lobbista"e affarista, la parola d'ordine è che quei miliardi non possono essere gestiti da un Governo qualsiasi. Infatti basta mettere in fila le cose ed esaminarle con perizia per capire chi furono i mandanti e i sicuri "sicari" di Conte. Ma le conclusioni le lascio ai lettori, e comunque oggi Mario Draghi è dove si trova e dove voleva essere.

7. MATTEO RENZI

Un capitolo, ancora preventivo, va dedicato sicuramente proprio a lui, a Matteo Renzi, uomo e politico italiano di che, personalmente, non apprezzo

Renzi inizia la sua attività politica nel "Partito Popolare Italiano", che poi confluisce nella "Margherita, che a sua volta dà vita al Partito Democratico di cui viene eletto Segretario nel 2013 e, nel 2014, riceve pure l'incarico di formare un nuovo Governo dal Presidente Napolitano, sostituendo il dimissionario Enrico Letta, da lui stesso "fucilato" con un "stai sereno!". Diviene Presidente del Consiglio a 39 anni e un mese, ed è stato inoltre il terzo Presidente del Consiglio a non essere parlamentare al momento della nomina. Difatti sono sempre stati in molti a chiedersi come abbia fatto, dato che nessuno lo ha votato ed eletto. Comunque è rimasto in carica fino al 2016, quando rassegnò le dimissioni, proprie e dall'esecutivo da lui presieduto, a seguito dell'esito negativo del "Referendum Costituzionale" del 4 Dicembre, per poi dimettersi anche dalla Segreteria del "PD" nel 2017. Ma anche rieletto, e poi ancora di nuovo dimissionario, per il risultato deludente ottenuto alle "Elezioni Politiche" del 2018. Insomma è l'uomo più "missionario" e "dimissionario" che io conosca. Però, dato che gli faceva comodo, nel 2019, promosse la nascita del "Governo Conte 2" mentre annunciava il "parto" del suo nuovo partito, "Italia Viva". Ma nel Gennaio 2021, è proprio lui che toglie il sostegno parlamentare a Conte, tramando per l'insediamento di Mario Draghi. Renzi nasce e cresce a Rignano sull'Arno, paese dei genitori, e studia a Firenze, prima al Liceo Dante e poi all'Università dove si laurea in Giurisprudenza. Ma siccome ha grandi valori, da giovane fa il Boy Scout, tanto per essere d'aiuto agli altri. Però, avendo da sempre il pallino dell'apparire e del protagonismo, nel 1994 partecipa come concorrente, per cinque puntate, a "La ruota della Fortuna" del compianto Mike Bongiorno. Ma ha tentato pure di fare l'arbitro di calcio, non ottenendo, però, nessun risultato, se non quello di ricevere spesso un epiteto noto che viene dato di solito agli arbitri. Fino ad arrivare al 2010 quando, altruisticamente, lancia l'idea della "rottamazione senza incentivi" dei "Dirigenti di lungo corso" del "Pd", che a quel punto se ne devono andare a casa, compreso Pier Luigi Bersani. Insomma, una serie di ottime azioni e iniziative quelle di questo signore che, altro scopo non ha, se non quello della promozione di se stesso, spesso per boria e interessi economici. Come dimostrano, per esempio, i suoi rapporti con l'Arabia Saudita. "Non c'è alcun conflitto d'interesse…" dice lui "...l'attività parlamentare è compatibile con quella di uno che va a fare iniziative all'estero. Mohammad Bin Salman è un mio amico e, nonostante lo si dica da più parti, non c'è nessuna certezza che sia il mandante dell'omicidio Kashoggi". In ogni caso, da Mohammad Bin Salman, pare abbia preso 80 mila dollari per un'intervista e che, sempre da questo, venga regolarmente foraggiato, ma potrebbero essere illazioni di gente maligna e invidiosa. Dimenticavo, però, di sottolineare che Renzi è assolutamente per l'obbligatorietà del vaccino, e dice anche che è giusto che chi non ha il "Green Pass" perda il lavoro, e addirittura che se si ammala deve pagarsi le cure sanitarie. Infine auspica un ritorno delle divise militari, che siano sempre più presenti nella nostra vita per garantirci democrazia e libertà. A me pare un controsenso, non so a voi, ma sarà solo appunto una mia impressione.

8. MA CHE C'ENTRA?

Bella domanda. Che c'entra Renzi con il vaccino e con la "pandemia"? C'entra, perché è lui il fautore dell'avvento di Mario Draghi, anche se Draghi si sarebbe "avventato" pure da solo, e capiremo come. Secondo me è proprio dal suo avvento, infatti, che sono avvenute e stanno avvenendo cose strane e che un po' il senso del male ce lo danno eccome, sempre di più.

9. UN PO' DI STORIA DELLE PANDEMIE

Il "Covid-19" è l'ultima pandemia che fa parte di una lunga serie, dagli inizi del Novecento a oggi, che hanno messo in ginocchio il nostro mondo. Pandemie che vanno dall' "Influenza Spagnola" alla "SARS", da "Ebola" all'"Influenza Aviaria ecc, la maggior parte delle quali sono state sconfitte grazie al serio e lungo lavoro di ricercatori, scienziati e medici di tutto il mondo.

L'"Influenza Spagnola" è stata un'epidemia del biennio 1918-1920, che causò la morte di quasi 50 milioni di persone. Un numero altissimo, anche in relazione alla "Prima Guerra Mondiale", che causò molte altre vittime di per sé. Il primo caso fu registrato negli Stati Uniti, ma la "pandemia" prese il nome di "Influenza Spagnola" a causa dei giornali iberici che furono semplicemente i primi a parlarne, e così, in un primo momento, si credette che fosse limitata appunto, alla sola Spagna.

Ma il virus si espanse invece con rapidità, facilitato dalle scarse condizioni igieniche di quei tempi. Questo virus non è mai scomparso del tutto e pare sia circolato praticamente fino al 1977, riemergendo diverse volte attraverso altre epidemie, come l' "Influenza Russa", che si diffuse rapidamente colpendo soprattutto i giovani con meno di 25 anni, con manifestazioni cliniche lievi e tipicamente influenzali.

L'"Asiatica" invece comparve nella penisola di Yanan, in Cina, nel 1957, causando circa 2 milioni di morti. Aveva origine "aviaria", essendo il virus presente negli uccelli che poi lo trasmettevano all'uomo.

Ma nel 1968 ci fu un'altra pandemia influenzale, generata a Hong Kong e che si diffuse in tutta l'Asia, non avendo però gravi conseguenze in Europa quanto negli Stati Uniti. Que-

sto accadde grazie al fatto che uno dei due antigeni di cui era composto il virus aveva già colpito 11 anni prima la popolazione che aveva sviluppato una sorta di immunità. Comunque, in tutto, la pandemia del 1968 causò oltre un milione di vittime.
E poi c'è L'HIV, che è stata la pandemia più importante della nostra storia recente, che ha ucciso più di 25 milioni di persone. L'HIV, il virus dell'immunodeficienza umana, non di per sé letale, che nella pratica purtroppo provoca un progressivo indebolimento del sistema immunitario, attaccando e distruggendo i linfociti responsabili della risposta immunitaria dell'organismo, fino a renderlo vulnerabile nei confronti di altri virus, batteri, protozoi, funghi e tumori. I primi casi registrati sono del 1981 e il virus ha colpito tutti i Paesi, in modo particolarmente grave quelli del Terzo Mondo. Il virus si trasmette principalmente per via sessuale, tramite rapporti non protetti, per via ematica, tramite il sangue, e per via verticale, ossia dalla madre al figlio durante il parto o attraverso l'allattamento. Attualmente non esiste alcun vaccino per prevenire l'infezione, ma solo cure mirate a un controllo del virus attraverso una combinazione di farmaci che blocca la replicazione del virus stesso, riducendo la carica virale e conseguentemente la distruzione del sistema immunitario.
Il 2003 fu l'anno della "SARS", "Sindrome Acuta Respiratoria Grave", una forma atipica e particolarmente violenta di polmonite. La "SARS" ha avuto origine ancora in una provincia cinese ed è stata scoperta da un medico italiano, Carlo Urbani, morto della stessa malattia. E qui è necessario un inciso, almeno per me, perché proprio con Carlo eravamo amici fin da piccoli essendo compaesani e vivendo entrambi in un piccolo borgo marchigiano che si

chiama Castelplanio, in provincia di Ancona. Detto questo, con un mio personale elogio alla sua persona e ai suoi studi, in totale, da Novembre 2002 a Luglio 2003, la "SARS" ha determinato vittime in 17 Paesi del mondo, con un tasso di letalità del 10%.

L'"Influenza suina" è del 2009 e, proprio per questa, ci fu un nuovo allarme di "pandemia", un'influenza che ha causato migliaia di morti e centinaia di migliaia di contagi, con il virus che si sviluppò particolarmente nel continente americano e che colpiva prevalentemente uomini adulti e in buona salute. L'infezione si trasmetteva anche da uomo a uomo per via aerea, come le comuni influenze stagionali.

"Ebola" fu invece scoperta nel 1976 nella Repubblica Democratica del Congo e nel Sudan così, nel 2014, fu riscontrata una nuova ondata di epidemia. Si tratta di un virus a RNA, che colpisce principalmente l'uomo e i primati, ma ne sono portatori anche i pipistrelli. Causa una febbre emorragica che si trasmette attraverso i fluidi corporei con la mortalità che è molto elevata, se la malattia non viene curata immediatamente, calcolando una percentuale di decessi del 50-90%.

In tutto questo va quindi sottolineata l'importanza della Ricerca, dato che le epidemie si contrastano proprio e grazie alla Ricerca, con terapie e vaccini, ma solo acquisendo informazioni sui virus e conoscendoli a fondo.

Purtroppo al momento, per l'attualità, si conosce ancora molto poco circa le risposte immunitarie nei confronti del "Coronavirus" che causa il "Covid-19". Non sappiamo, ad esempio quali sono i componenti del vaccino, quale sia la formula e l'assemblamento della stessa. Non sappiamo se gli anticorpi siano protettivi, né quanto duri effettivamente la memoria e la copertura immunologica. E non sappiamo con certezza nemmeno se la nostra prima linea di difesa, cioè l'immunità innata che da sola gestisce ed elimina più del 90% dei virus e batteri che incontriamo, possa essere attivata anche nei confronti del "Coronavirus". Per questo la Ricerca va fatta coordinando molti studi basati proprio sulla relazione tra sistema immunitario e il "Coronavirus SARS-CoV-2" con l'obiettivo di mettere a punto, naturalmente con tempi adeguati e non in fretta, nuovi strumenti di diagnosi e cura.

Ma ci sono ancora da evidenziare due o tre cose.

La prima è che un po' troppo spesso questi virus arrivano dall'Asia, e soprattutto dalla Cina, e che quindi questi popoli qualcosa dovrebbero rivedere nei loro modi di vita.

La seconda è che il vaccino attuale non è affatto una garanzia, essendo ancora in via sperimentale, nonostante i fautori di questo affermino che non lo è più, perché ne sono state somministrate miliardi di dosi. Il che non vuol dire nulla, dato che i risultati negativi delle somministrazioni potremo vederli solo a distanza di anni.

La terza è invece che, nonostante epidemie e pandemie ce ne siano state in quantità, oggi è la prima volta che un virus genera anche un altra "infernale" condizione: l'odio, e ancora vedremo come e come si espande.

10. MARIO DRAGHI

Non mi dilungherò troppo su di lui, nonostante l'importanza che riveste, perché di lui si sa un po' tutto, quindi mi limiterò solo a spiegare una mia definizione di quest'uomo che io chiamo "l'uomo del futuro" per un preciso motivo. Intanto bisogna dire che viene osannato dai più a prescindere. Cioè per quella che è stata la sua carriera professionale fino ad oggi, che pare gli garantisca una forma di "deità". Ma mica lo è mai stato, prima d'ora, Presidente del Consiglio, quindi le "standing ovation" gratuite non potremmo aspettare a farle quando qualcosa di concreto lo combinerà? Perché forse è solo una mia sensazione, ma a me pare che sino ad ora non abbia fatto proprio nulla dal suo insediamento. Se non usare verbi al futuro come vedremo, faremo, ci sarà, arriveranno, aiuteremo ecc., ma poi, di fatto, quando imparerà ad usare i verbi al presente? Quand'è che qualcuno beneficerà di qualche suo provvedimento? Lo sanno questo i ristoratori italiani e tutti i titolari di aziende grandi e piccole massacrati dal Covid che non hanno visto un euro? Ah no, ma qualcosa ha fatto, ha introdotto il "Green Pass", che diverrà obbligatorio dal 15 Ottobre prossimo (oggi mentre scrivo è il 4 Ottobre 2021) facendo perdere lo stipendio a tanti lavoratori onesti che non sapranno come dare da mangiare ai propri figli. "Green Pass" che, guarda caso, diverrà obbligatorio proprio il giorno in cui al Quirinale ci sarà la prima esposizione e l'apertura de "La porta dell'Inferno", e mai titolo fu così veritiero e di cattivo auspicio, se non addirittura un omaggio al male. Comunque pare sia l'uomo della ripresa economica. Certamente, di quella ripresa che sta già andando contro gli italiani, dato che, per prima cosa ha detto che una parte consistente dei soldi che arriveranno dall'Europa, se arriveranno, verranno destinati alla realizzazione della Tav, l'alta velocità per intenderci, di cui a noi italiani potrebbe non fregarci di meno. Ma nel frattempo pagheremo i rincari di luce, gas e altri beni di prima necessità, ci arriveranno le cartelle di Equitalia e verranno abolite le agevolazioni, in molti perderanno il lavoro e lo stipendio, in più siamo pure costretti a comprare televisori nuovi e decoder, altrimenti la televisione non la vedremo più. Tutto questo come ripresa? Grazie Draghi, lei ci sta davvero aiutando, anche se preferiremmo non averli aiuti del genere ma, come se non bastasse, io ho una mia teoria "lombrosiana", che lo ripeto è solo mia, ci mancherebbe. Infatti quest'uomo nell'insieme del suo essere e della sua figura non mi piace affatto! Non mi piacciono i suoi occhi, vuoti d'espressione e un po' torvi che sembrano sempre minacciosi. Non mi piace il suo aspetto, diciamolo, abbastanza "rettiliano", e non mi piace la sua espressione da intoccabile. Non mi piace, che ci posso fare? E non mi sono mai fidato di chi non mi piace, spesso avendo ragione, quindi perché dovrei iniziare adesso? Ma dovrò farmene una ragione, Draghi ce lo ritroveremo Presidente della Repubblica!

11. IL VACCINO 1

Se ho scritto questo "instant book" è ovvio che da qualche parte sto, ma non per questo devo essere settario e in malafede. Ho delle perplessità, e allora? Non posso fare e farmi delle domande? Non posso cercare di approfondire la mia conoscenza? E' un delitto che io voglia sapere su qualcosa che riguarda la mia salute? Quindi se faccio questo sono un "terrapiattista"? O peggio, visto quello che succede oggi, sono un pericoloso "no vax" terrorista? Io non sono un "no vax", perché non sono contrario ai vaccini; sono contrario a questo vaccino! E nemmeno per partito preso, ma soltanto perché questa "trovata", definita l'unica possibilità contro il "Covid", non ha invece un briciolo di chiarezza e che, secondo i "pro vax", andrebbe assunto solo per un atto di fede nella scienza. Atto di fede che non ci può essere, perché la scienza è la prima ad essere divisa in questo senso. Difatti, le informazioni che arrivano ai noi comuni mortali, sono più che contrastanti, addirittura spesso all'opposto, quindi non è facile accettare passivamente qualcosa che non si conosce abbastanza. Per cui non entro nel merito scientifico, ma in quello etico sì! Perché, se si volessero zittire immediatamente i "pro vax" ci vorrebbe poco, con sole tre o quattro domande banali. Ma prima di farle c'è da ricordare qualcosa, dato che non esiste vaccino al mondo che nei tempi passati non abbia avuto anni di studi approfonditi, attraverso la sperimentazione e i giusti tempi per essere approvati. Nel caso del vaccino attuale invece non c'è nulla di tutto questo. E qui, di seguito, tanto per poi riprendere dopo con le conclusioni sul vaccino, cito Sabin come straordinario esempio.

12. IL VACCINO DI SABIN

Sono due i vaccini “antipoliomielite” ancora oggi disponibili e utilizzati in tutto il mondo. Il primo fu sviluppato da Jonas Salk e testato nel 1954, mentre un “vaccino orale” fu sviluppato da Albert Bruce Sabin. La sperimentazione umana di Sabin iniziò nel 1957 e il suo vaccino fu approvato soltanto nel 1962. Così si è eliminata la “poliomielite” dalla maggior parte dei paesi del mondo, riducendone drasticamente l’incidenza. Questo tipo di vaccinazione funziona da innesco per il sistema immunitario con la stimolazione della risposta mediante l'uso dell’agente infettivo. L'immunità alla “polio” blocca efficacemente la trasmissione da persona a persona del “poliovirus selvaggio”, proteggendo in questo modo sia i soggetti vaccinati che quelli non. Milioni di dollari furono investiti nella ricerca e commercializzazione del vaccino “antipolio” e, tra i laboratori più impegnati in questo, ci fu la casa farmaceutica “Lederle” di New York diretta da HR Cox e dove lavorava il virologo e immunologo di origine polacca Hilary Koprowsky, che sostenne di aver creato il primo vaccino “antipolio” funzionante nel 1950, anche se lo stesso non sarebbe stato pronto per l'uso fino a cinque anni dopo. Nel frattempo altri studi furono portati avanti da Albert Bruce Sabin e, nel 1958, il “National Institutes of Health” creò un comitato speciale per i vaccini “antipolio”. Allora fu attentamente valutata la capacità dei vaccini a indurre l'immunità al “poliovirus” pur mantenendo una bassa incidenza di “neuropatogenicità” nelle prove sulle scimmie (cosa che io non approvo). Comunque, studi clinici su larga scala effettuati in Unione Sovietica tra il 1958 e il 1959 da Mikhail Chumakov, dimostrarono la sicurezza e l'efficacia del vaccino Sabin e, sulla base di questi

risultati, i “ceppi” di Sabin furono scelti per la distribuzione in tutto il mondo. Nel 1961 il “vaccino monovalente orale” di tipo 1 e 2 fu autorizzato, mentre il tipo 3 ebbe la licenza solo l'anno successivo. Nel 1963 l'“OPV trivalente” fu messo in commercio e divenne il vaccino di scelta prima di tutto negli Stati Uniti, ma poi e in tutti i paesi del mondo. Tra il 1962 e il 1965 circa 100 milioni di americani ricevettero il vaccino Sabin, con una sostanziale riduzione del numero dei casi, anche rispetto ai livelli già molto ridotti a seguito dell'introduzione del vaccino Salk. C’è da sottolineare a questo punto che, in primo luogo, tra l’inizio dei primi studi e la vaccinazione reale “antipolio” passarono ben quindici anni, come è successo del resto per tanti altri vaccini, più o meno tutti, e che Sabin donò “gratuitamente” i suoi “ceppi virali” all'URSS, addirittura in piena “Guerra Fredda”. Non lo brevettò neanche il suo vaccino, ma lo regalò a tutti i bambini del mondo, come disse in una sua celebre frase; quel vaccino somministrato con una semplice zolletta di zucchero che cambiò la storia.
Albert Bruce Sabin nacque nel 1906 a Białystok, in Polonia e morì nel 1993 a Washington, avendo sempre rinunciato a soldi e brevetto, perché la sua scoperta fosse diffusa anche ai poveri. Ci vedete qualche analogia col vaccino di oggi?

13. VARIE ED EVENTUALI

Prima di riprendere con il secondo capitolo sul vaccino attuale c'è da fare qualche ipotesi sull'improvvisa diffusione del "Covid", con le possibilità che possono essere diverse e che, in qualche modo, si legano al termine del capitolo precedente dove si dice che Sabin rinunciò alla ricchezza e al brevetto del vaccino "antipolio".
Facciamo una prima ipotesi, che ancora, attualmente, è quella ufficiale, ma anche la meno accreditata e forse veritiera. Il "Coronavirus" parte da Wuhan, dalla trasmissione casuale da un pipistrello a un umano. Da lì, segue tutto il resto, come sappiamo.
Ma potrebbe essere, invece, come afferma anche il pare "innominabile" Luc Montagnier, che il "Coronavirus" non sia di origine naturale e che potrebbe aver avuto la sua diffusione per via di una errore di laboratorio, o addirittura a causa di un pipistrello che, mentre veniva studiato e testato, se ne è volato via infettando tutto il mondo.
Ma ci potrebbe essere anche una terza ipotesi, anche se io propendo per la seconda, perché qualcosa di strano c'è.
Lo strano è che a Giugno del 2020, quando si parlava di vaccino, non c'era uno scienziato che fosse uno che dicesse che lo stesso vaccino sarebbe potuto essere pronto in meno di due o tre anni. Però, a Settembre dello stesso anno, veniva già ventilata la possibilità che il vaccino sarebbe potuto essere pronto addirittura a Dicembre, come in effetti è stato. Quindi con una bella differenza tra gli ipotetici due o tre anni previsti delle dichiarazioni e i cinque mesi reali. Allora, visto che principalmente come scrittore sono un giallista, solo per gioco, ma neanche troppo, ipotizzo una terza teoria.
E se il vaccino "anti Covid" fosse già stato pronto nel labo-

ratori di un'ipotetica casa farmaceutica? Faccio il "James Bond" della situazione contro la "Spectre" e, a caso, mi chiedo: ma quanto ha guadagnato la "Pfizer-BioNTech", per esempio, in sei mesi con la somministrazione dei suoi vaccini, mentre gli altri, compreso "Astrazeneca", hanno avuto poca incidenza? Bene, "Pfizer-BioNTech" ha guadagnato circa 26 miliardi di dollari, mica "pizza e fichi" come Sabin! Infatti, non solo non si conoscono i componenti del vaccino, ma la "Pfizer-BioNTech" non mette a disposizione la sua formula per nessuno tenendola strettamente top-secret. Oltretutto vendendo le dosi a prezzi di molto maggiorati rispetto al reale costo di produzione e fregandosene beatamente se ci sono Paesi poveri che il vaccino non se lo possono permettere come avviene in Europa e, addirittura in Italia dove lo si vorrebbe rendere obbligatorio, e dove siamo già alla terza dose in nemmeno un anno. Per cui dove sta l'altruismo verso il mondo di una Ricerca che non viene messa gratuitamente a disposizione di tutti salvando davvero miliardi di persone? Qui mi pare che ci sia solo del bieco interesse e allora torno per un attimo a fare il "James Bond" con un interrogativo: e se il "Coronavirus" avesse un'origine diversa? Se fosse stato studiato a tavolino per avere poi subito a disposizione una soluzione plurimiliardaria? Non dico che ciò lo abbia fatto "Pfizer-BioNTech", ci mancherebbe, non mi permetterei mai, ma non potrebbe essere che qualcuno ci abbia studiato sopra? Siamo sicuri che interessi economici così alti non possano prevedere aspetti criminali da genocidio? E' già successo, se vogliamo ricordare la Germania di Hitler, ma forse anche più di recente dove il crollo delle "Torri Gemelle" di New York non è ancora del tutto chiaro e non lo sarà mai, ma potrebbe aver avuto dietro qualcosa di nascosto e di ben più importante di qualche migliaio di vite umane che si sono perse. Vogliamo parlare del petrolio dell'Iraq? No, non ne parliamo, perché non ne vale la pena, dato che anche Marilyn Monroe pare sia "morta dal sonno", e non per mano di agenti della Cia per salvaguardare un Presidente.

14. IL VACCINO 2

Faccio una domanda. Ma voi la mangereste una pietanza che non sapete che cos'è? E se dopo vi dicessero che avete mangiato un piatto di "Termiti dell'Afghanistan", che non so se esistono, che anni più tardi anni provocano la "narcolessia" come la prendereste? Ecco, è quello che più o meno succede col vaccino "anti Covid" e, ritornando a come si potrebbero zittire immediatamente i suoi sostenitori più o meno violenti, basterebbe fare loro qualche semplice domanda a cui non saprebbero e non sanno rispondere, se non dicendo la banalità che "i vantaggi sono maggiori dei rischi". Domande tipo: ma sai dire cose contiene il vaccino della "Pfizer-BioNTech"? Mi sai dire qual è la sua formula? Mi sai dire qual è la copertura reale del vaccino? Mi sai dire quali sono i possibili effetti avversi o, anche più semplicemente, quali potrebbero essere gli effetti collaterali? Mi sai dire quali categorie umane con patologie non possono effettuare la vaccinazione? Ecco, basterebbero queste semplici domande, che rimarrebbero senza risposta, per almeno tentare di capire che tutti coloro che non vogliono vaccinarsi non sono dei criminali che amano mettere a rischio la propria salute e quella degli altri. Non ci vuole tanto, eppure sono in molti a sostenere l'ipotesi scellerata dell'obbligatorietà, come sono in molti a sostenere la validità di una stupidaggine, pure gestita malissimo, che si chiama "Green Pass".

15. IL "GREEN PASS"

Il "Green Pass" è entrato in vigore ufficialmente Venerdì 6 Agosto 2021, ed è il "certificato verde" che dovrebbe garantirci dalla possibilità di non contrarre il "Covid", ma non solo, anche perché pare serva per la ripresa economica, sia pure, diciamolo, presenti molte macroscopiche incongruenze, di fondo, ma anche nella sua applicazione.

Il "documento verde", come verde era la tessera di appartenenza al "Partito Fascista", è già purtroppo qualcosa di reale, ma sarà addirittura obbligatorio e indispensabile dal prossimo 15 Ottobre, per poter accedere a una moltitudine di servizi ed eventi come, ad esempio: la ristorazione svolta da qualsiasi esercizio per consumo al tavolo al chiuso, gli spettacoli aperti al pubblico, gli eventi e le competizioni sportive, i musei, altri istituti e luoghi della cultura, le mostre, le piscine, i centri natatori, le palestre, lo sport di squadra, i centri benessere, anche all'interno di strutture ricettive limitatamente alle attività al chiuso, le sagre e le fiere, i convegni e i congressi, i centri termali, i parchi tematici e di divertimento, i centri culturali, i centri sociali e ricreativi, limitatamente alle attività al chiuso e con esclusione dei centri educativi per l'infanzia, i centri estivi e le relative attività di ristorazione, le attività di sale gioco, le sale scommesse, le sale bingo e i casinò, i concorsi pubblici. E ancora: per il trasporto pubblico, per viaggiare su treni ad alta percorrenza, per gli aerei, per gli autobus che attraversano almeno tre regioni, e si potrebbe continuare. Ma emergono subito e facilmente le contraddizioni sia sulla validità di tale strumento e anche sulle sue regole di applicazione.

Intanto affermiamolo subito che, per i vaccinati, il "Green Pass" non è una garanzia di "non contagio", e che avrà vali-

dità per un anno dalla prima vaccinazione, anche se, a tutt'oggi, la copertura vaccinale pare non vada oltre i quattro mesi. Quindi perché il "Green Pass" dovrebbe garantirci per un anno? E poi non è vero che anche i vaccinati, sia pure ammettendo i benefici del contrarre il virus non in maniera drammatica, possono rimanere comunque veicoli di diffusione del contagio? Quindi questo "pezzo di carta" a che serve? Specialmente se si pensa che a causa di questo strumento, che io definisco "dittatoriale", centinaia di migliaia di lavoratori perderanno lo stipendio. E non è vero che chi lo sostiene lo fa per altruismo, cioè perché la gente non si ammali, quindi per gli altri, ma lo fa soltanto per se stesso, credendo in una stupidaggine madornale e pericolosa, che non garantisce nemmeno la ripresa economica, ma che, anzi, la paralizza.
Però vediamo pure qualche altra cosa, come i gestori dei locali che avranno l'obbligo di verificare se i clienti possiedono il "Green Pass", divenendo immediatamente "violatori della privacy" e improvvisati tutori dell'ordine. Ma questi, per legge, non possono obbligare nessuno ad esibire i documenti di identità, e bisogna dire che, dai sondaggi, non hanno nemmeno il desiderio di farlo. Ciò significa che non sarà possibile verificare se l'identità risultante dal "QR Code" sia la stessa della persona che ne è in possesso e lo sta esibendo. Tuttavia, la norma prevede che i titolari o i gestori dei servizi e delle attività siano tenuti a verificare che l'accesso avvenga nel rispetto delle norme e, in caso di violazione, si rischia una multa da 400 a 1.000 euro, sia a carico dell'esercente, sia dell'utente e, qualora la violazione fosse ripetuta per tre volte in tre giorni diversi, l'esercizio potrebbe essere chiuso da 1 a 10 giorni. Ma chi è che, in condizione di eventuale flagranza, commina la sanzione,

spettante se mai, come di regola, solo ed unicamente alle Forze dell'Ordine?
Ma ci vorrà il "Green Pass" anche per partecipare a qualsiasi evento in arene, luoghi di cultura e cinema, anche all'aperto, e si potrà liberamente sedere al tavolo di bar, ristoranti e pizzerie, con una disparità di trattamento che non piace affatto ai rappresentanti delle categorie.
Però, sulla falsariga di cui sopra, non sarà necessario esibire il "Green Pass" se si alloggia in un hotel, e i clienti dello stesso hotel, anche senza certificazione, possono sedere ai tavoli del ristorante interno, purché lo stesso sia interdetto ai soggetti esterni. In più, i clienti che pernottano, potranno liberamente usufruire delle sale interne per la colazione, il pranzo e la cena, ma dovranno invece esibire il "Green Pass" se vogliono accedere al "centro benessere" o alla piscina coperta dell'hotel.
Non solo, perché chi siederà al tavolo in un locale al chiuso dovrà avere il "Green Pass", ma chi lo servirà potrà anche non averlo. Questo perché i camerieri e il personale degli esercizi commerciali non devono essere per forza vaccinati. Un'altra contraddizione in termini.
E per i trasporti? Sino ad Agosto non erano previste restrizioni per viaggiare in Italia, ma da Settembre, per salire su aerei e treni, traghetti e bus a lunga percorrenza sarà richiesto il "Green Pass", mentre su autobus urbani, metropolitane e treni regionali non ci sarà nessun obbligo di certificazione.
Intanto la "quarantena" per i vaccinati scende a 7 giorni, per gli altri resta sempre 21 giorni. Il motivo? Perché secondo gli attuali studi, nel vaccinato il virus resta in vita pochissimo, non più di 3 giorni e si ferma solo nelle narici, senza scendere nei polmoni. Il rischio però è che, stando così le cose, chi vaccinato contrae il "Covid" e lamenta ma-

gari solo un raffreddore o poco più, non si sentirà tenuto a fare alcun "tampone", circolando comunque liberamente e contagiando anche chi, magari, non si è vaccinato. Ma i "tamponi" sono molto meglio e più sicuri del "Green Pass", "tamponi" che, se davvero si avesse a cuore la salute pubblica, dovrebbero essere gratuiti per chiunque, per vaccinati e non, essendo questi sì, l'unico mezzo per evitare i contagi, e non si capisce perché i non vaccinati invece dovrebbero pagarli di tasca propria a caro prezzo, mentre i vaccini sono gratuiti. Tutto per uno spregio? Per punire i cosiddetti ribelli che dovrebbero abbassare la testa e stare zitti?
Non ultima contraddizione sul "Green Pass" è il fatto che nessun altro Paese Europeo, e quasi nessuno nel mondo, lo ha reso obbligatorio, e nemmeno adottato come provvedimento. Ci sarà un perché? O noi italiani siamo più intelligenti e preoccupati degli altri? Ma già, ho sentito dire in una trasmissione televisiva, presentando in maniera ben diversa questo fatto, che in Italia non siamo più propensi a forme di dittatura, saremmo invece l'avanguardia. Insomma dei giusti e lungimiranti pionieri che, piano piano, verranno seguiti da tutti, e non dei cretini in lotta gli uni contro gli altri. Tuttavia, per quanto sopra, c'è di mezzo la manipolazione mediatica di cui poi mi occuperò volentieri.

16. SPERANZA

Non è quella che abbiamo per un futuro migliore, è proprio Speranza, il nostro "benemerito" Ministro della Salute che sembra un Furetto con la faccetta buona e simpatica, ma che in realtà è una Faina che della sua furbizia, e non della sua intelligenza, ha fatto il suo cavallo di battaglia, come ha fatto un suo cavallo di battaglia lo stare prono al servizio del suo capo, il Presidente del Consiglio. In ogni caso è un Ministro della Salute che però è laureato in Scienze Politiche, e non in Medicina. Mah! Del resto abbiamo anche un Alpino come responsabile delle vaccinazioni, il che è tutto dire. Ma rimaniamo su Speranza che nei sui modi silenti, che sembrano per bene, alla fine è quello che più di tutti ostacola la Ricerca sulle alternative ai vaccini. Sia ben chiaro, alternative che ci sono ma che, puntualmente, vengono messe da parte e ridicolizzate come studi che sembrano appartenere alla "stregoneria" e non alla scienza. Il tutto contrastando terribilmente con decine e decine di teorie, tutte ormai testate, verificate, efficienti e risolutive.

Ma Speranza non ci sta, e con l'"Aifa" le blocca tutte, tanto che c'è anche chi si è ucciso per questo, come il povero professor De Donno della cui morte sono molti i responsabili.

Non credo invece che si suiciderà il Premio Nobel Luc Montagnier, definito dal saccente e spocchioso Matteo Bassetti come un "rincoglionito". Ma le vediamo subito queste tre figure con i loro rispettivi meriti, e con qualche stronzata. Immaginate di chi!

17. GIUSEPPE DE DONNO

La morte di De Donno è stato qualcosa che ha colpito tutti, ma forse non chi certi personaggi li ritiene de "fattucchieri", dei "ciarlatani", personaggi che invece di essere ringraziati e onorati per quello che hanno fatto, e che fanno, vanno invece sbeffeggiati e denigrati. Si è tolto la vita Giuseppe De Donno, che era un ex primario di pneumologia dell'ospedale "Carlo Poma" di Mantova. Lui è stato primo l'anno scorso che ha iniziato la cure del "Covid" con le trasfusioni di "plasma iperimmune", la controversa terapia che prevede l'infusione di sangue di contagiati dal "Coronavirus", opportunamente trattato, in altri pazienti infetti.
De Donno aveva 54 anni e da poco si era dimesso dall'ospedale di Mantova iniziando la nuova professione di medico di base a Porto Mantovano, e anche di questo non si sa il perché. Ma ciò che è più di un mistero, sono le cause del suicidio, ancora non ben accertate, e per le quali c'è un fascicolo che è stato aperto dalla Procura proprio per "istigazione al suicidio", quanto meno.
De Donno viveva con sua moglie e due figli, persone attonite per questo gesto, come attoniti sono stati molti italiani, per lui che le vite le salvava con la sua terapia.
De Donno aveva iniziato a trattare i pazienti affetti da Covid che arrivavano ormai stremati al "Poma" e, grazie a lui, questa pratica era diventata nella primavera dello scorso anno l'unica arma contro il "Coronavirus", almeno nelle fase iniziale della malattia. In poco tempo era diventato il primario più conosciuto d'Italia, conteso da giornali e trasmissioni televisive. Non tutti, però, nel campo della medicina, erano convinti delle sue tesi e così su De Donno si erano cominciate a scatenare tante polemiche. Lui, però,

aveva cercato di tenere duro, riuscendo a ottenere addirittura il finanziamento per la sperimentazione del suo metodo dall' Università di Pavia. Alla fine, però, la medicina ufficiale, quella sei santoni, non ha ritenuto, e non si sa in base a cosa, visto che la cura funzionava e funziona, che quella fosse la cura più indicata per il "Covid". Anche se, più o meno tutti i suoi pazienti, sono guariti avendo eterna gratitudine per quest'uomo.
Ma De Donno era conosciuto anche al di fuori degli ambienti ospedalieri per essere stato in passato l'ottimo vice sindaco di Curtatone. Si era diplomato al liceo classico, poi aveva conseguito la laurea in Medicina e Chirurgia all'università di Modena con 110 e lode. Dopo gli studi universitari aveva completato la sua formazione attraverso corsi di perfezionamento in "fisiopatologia" e "allergologia respiratoria" raggiungendo la specializzazione nel 1996. Dal 2010 al 2013 è stato responsabile della "struttura semplice Programma di assistenza domiciliare respiratoria ad alta intensità per pazienti dipendenti della ventilazione meccanica domiciliare", e nel 2013 era diventato dirigente medico della "struttura complessa di Pneumologia e Utir" (Unità Intensiva Respiratoria) dell' "Asst Carlo Poma". Insomma, Giuseppe De Donno era una persona straordinaria che spendeva la sua vita e il suo lavoro per i pazienti, e la storia lo ricorderà per tutto il bene che ha fatto. Infatti la notizia del suo suicidio ha scatenato il popolo del web e sono stati tantissimi quelli che hanno accusato il "mondo perbenista e presuntuoso" della scienza di averlo lasciato da solo nelle sue ricerche, ma anche con troppe calunnie, insulti e irrisione di molti colleghi, sia sulla carta stampata che nei "talk" in tv. Che poi sono gli stessi che ci impongono il "Green Pass". In ogni caso sono in molti a non credere che il medi-

co si sia tolto la vita, che si sia suicidato, e questo in realtà per loro è un omicidio che ha mandanti ed esecutori. Ma comunque, dietro alla sua morte, c'è la storia di un un medico che aveva dedicato tutto alla sua cura e le sue ricerche. Però, quello che penso io, è solo che abbiamo perso una bella persona, un grande medico, uno scienziato che durante il Covid ha lottato come un leone per salvare centinaia di vite, spesso contro tutto e tutti!
Ormai non c'è nemmeno più da augurargli "buon viaggio", sarà già arrivato in Paradiso, nel "Paradiso degli Onesti", che nulla ha a che fare con "La Porta dell'inferno" che ci aspetta.

18. LUC MONTAGNIER

Un nome ormai quasi impronunciabile in Italia quello di Luc Montagnier, dopo le affermazioni di un "vero scienziato", quel tale Matteo Bassetti che, scusate il termine, non si sa da dove cazzo sia uscito per permettersi di dire che questo Premio Nobel, ormai anziano, ed è vero, ma in possesso eccome di tutte le sue facoltà mentali, è invece un "rincoglionito". Ma di Bassetti mi occuperò nel prossimo capitolo per vedere quanto sia larga e prestigiosa la sua competenza.
Luc Antoine Montagnier è nato a Chabris, in Francia, nel 1932, ed è un medico, biologo e virologo, cofondatore della "Fondazione mondiale per la ricerca e prevenzione dell'AIDS", Professore presso l'"Istituto Pasteur" di Parigi che ha diretto e dove, nel 1983, ha scoperto il virus dell'"HIV" vincendo il "Premio Nobel" per la medicina nel 2008. Nella pandemia di "Covid19" Montagnier è un promotore della "teoria del complotto" secondo cui "SARS CoV2", il virus della malattia, sarebbe stato creato deliberatamente, e in seguito fuggito da un laboratorio. Per questo è sempre stato criticato da molti accademici, per aver, secondo loro, usato il suo status di "Premio Nobel" per diffondere "pericolosi messaggi" riguardo alla salute, al di fuori del proprio campo di competenza.
Strano, perché Montagnier si è laureato nel 1955 in scienze e, dopo la morte per tumore del padre, si è iscritto alla facoltà di Medicina, dove si è specializzato in Oncologia. Dopo aver completato il "dottorato di ricerca" all'Università di Poitiers, nel 1967 ha cominciato i primi studi nell'ambito della virologia, dedicandosi in particolar modo allo studio dei meccanismi di replicazione dei virus a RNA e, successivamente, dei virus a RNA oncogeni (cioè capaci di indurre

tumori), analizzando specialmente le modifiche biochimiche che avvengono all'interno delle cellule da essi infettate. Nel 1972 fu quindi nominato capo dell' “Unità Oncologica Virale” dell' “Istituto Pasteur” e, nel 1974, direttore del “CNRS” (Centro Nazionale di Ricerca Scientifica). Nel 1982 il dottor Willy Rozenbaum, medico dell' “Hôpital Bichat” di Parigi, gli chiese di mettere la propria competenza al servizio di una ricerca sulla possibile causa “retrovirale” di una nuova, misteriosa sindrome, l'AIDS, e lui, attraverso una “biopsia” ai “linfonodi” di uno dei pazienti di Rozenbaum, nel 1983, fu in grado di scoprire il virus, a cui fu dato il nome di “LAV” (Lymphadenopathy Associated Virus, ovvero Virus Associato a Linfoadenopatia). L'anno successivo un gruppo di studiosi statunitensi, guidato dal dottor Robert Gallo, capo laboratorio all' “Istituto Nazionale del Cancro” di Bethesda, nel Maryland, confermò la scoperta del virus, ma ne modificò il nome in "Virus T-linfotropico Umano di tipo III". Di lì a poco nacque un'accesa disputa internazionale tra Montagnier e Gallo su chi dei due potesse fregiarsi della paternità della scoperta, disputa che finì in favore dello studioso francese. Nel 1986 Montagnier riuscì a isolare un secondo “ceppo” del virus “HIV”, maggiormente diffuso in Africa, e fu insignito del “Premio Albert Lasker” per la Ricerca Medica. In seguito s'impegnò in progetti di prevenzione dell'AIDS e nella ricerca di un vaccino efficace contro questa patologia, collaborando con diversi virologi, tra cui l'italiano Vittorio Colizzi.
Luc Montagnier oggi, però, pare che non sia ben visto dalla “comunità scientifica”, forse perché spesso è andato contro corrente rilasciando interviste che andavano anche contro questa? Infatti molte sue dichiarazioni non sono state accolte bene, addirittura con sorpresa e cautela, dichiarazioni,

per esempio, nelle quali affermava come sarebbe possibile eradicare il virus dell' "HIV" agendo in modo simultaneo su più fronti. Inoltre "apriti cielo" quando nella trasmissione televisiva "Le Iene" affermò che anche un bacio profondo poteva essere causa di trasmissione dell'HIV, o anche uno starnuto, forse in maniera paradossale, è vero, ma solo per mettere in guardia le persone. Intanto, chi di noi avrebbe baciato profondamente un malato di HIV sentendosi al sicuro? Dai, siamo seri ed onesti! Però, la settimana successiva fu intervistata, in modo da fornire un ulteriore punto di vista, Alessandra Cerioli, presidente della "Lega Italiana per la lotta all'AIDS" che, almeno mi pare, confermò quanto aveva detto Montagnier, ma nessuno disse nulla.
Comunque, a partire dal 2010, Montagnier ha espresso varie considerazioni sui vaccini e sul loro utilizzo, spesso in maniera critica, divenendo una delle personalità di spicco dal punto di vista dei "movimenti antivaccinisti" che hanno ripreso più volte le sue affermazioni a sostegno delle loro tesi. Per questo sarebbe un pericoloso "no vax" che non dovrebbe esprimere le proprie tesi? Anche se Montagnier ha appoggiato in vari convegni organizzati le teorie "no-vax", esprimendo dubbi, e mai certezze assolute, riguardo alla sicurezza dei vaccini, che secondo lui potrebbero essere addirittura correlati allo sviluppo di patologie future, sostenendo come gli undici vaccini obbligatori previsti in Francia sarebbero troppi e che, in generale, l'obbligo vaccinale sarebbe "un errore medico e politico". Sue considerazioni che gli vogliamo togliere?
E poi, nell'aprile 2020, Montagnier dichiara che, sempre secondo lui, cosa che ripeto e penso anche io, il "Covid 19" sarebbe stato originato in modo artificioso da un laboratorio di ricerca di Wuhan durante alcuni studi sulla possibile

creazione di un vaccino contro il virus. E non è anche quello che oggi sostiene l'America di Biden? In ogni caso, a supporto di tale tesi, Montagnier cita uno studio pubblicato dall'università di Nuova Delhi nel gennaio 2020, secondo cui il genoma del virus conterrebbe alcune sequenze particolari e piuttosto strane per un virus naturale. Inoltre, intervistato nel Dicembre 2020 da "France Soir", parlando del vaccino "anti Covid 19 Moderna" Montagnier dichiarò che il processo di approvazione a cui erano stati sottoposti i vaccini a "mRNA" avrebbe omesso di analizzare vari possibili effetti collaterali, compresi potenziali risultati cancerogeni. Sostenne poi di non volersi vaccinare contro il virus, optando eventualmente, in caso di infezione, per una terapia a base di "azitromicina".

Ecco, insomma un quadro ben diverso da quello del Professor Basseti, che un giorno dice una cosa e l'altro la nega, in un'altalena terroristica fatta di niente, se non delle sua "ricerca" vanitosa di popolarità e visibilità, ritenendosi oltretutto un "figo" per sua stessa affermazione, quando in televisione, spocchiosamente disse, riferendosi alle donne: "che ci posso fare se piaccio". Ma essendo subito smentito da grandissima parte del sesso femminile che non lo vede proprio come un "sex symbol". Ma questo poco c'entra con la medicina, e se se ne stava zitto sarebbe stato meglio. Bassetti intendo!

19. MATTEO BASSETTI

Tanto per, partiamo subito dalla petizione dei medici contro il virologo.

"Spett.le Ministro della Salute - Dott. On. Roberto Speranza"

"Onorevole Ministro, la recente nomina del Professor Matteo Bassetti quale coordinatore scientifico del Gruppo di Lavoro per la definizione dei criteri di appropriatezza dei ricoveri di pazienti Covid -19 istituito da AGENAS, desta stupore nel mondo sanitario. Le dichiarazioni del Professore, rese pubbliche sin dall'inizio della pandemia, si sono dimostrate fuorvianti di fronte alla emergenza sanitaria più significativa dell'ultimo secolo, causata da una malattia grave ed ancora poco conosciuta. L'atteggiamento più corretto non poteva e non doveva essere quello delle affermazioni perentorie e delle previsioni incaute. L'atteggiamento poco prudente e le dichiarazioni largamente diffuse dai mezzi di comunicazione, hanno provocato confusione nella popolazione e favorito errori di comportamento. Non solo tra i cittadini. Gli stessi amministratori pubblici liguri, che hanno potuto avvalersi di una consulenza così poco orientata alla prudenza hanno valutato e preparato programmi dimostratisi ampiamente insufficienti per affrontare la seconda ondata. Riteniamo che il Prof. Bassetti, attraverso le sue esternazioni pubbliche, abbia dimostrato una visione poco prudente ai problemi posti dalla "pandemia" prospettando delle soluzioni operative che si stanno dimostrando insufficienti ed inadeguate ad affrontarli. Pertanto, la sua nomina a coordinatore scientifico del gruppo di lavoro per la gestione nazionale dei pazienti Covid-19 per il Ministero della Salute, appare non giustificata e non rappresentativa per la comunità medico-scientifica. Chiediamo di essere rappresentati da colleghi più prudenti

nel gestire questa emergenza sanitaria, al fine di tutelare la salute dei nostri cittadini e per consentire una maggiore qualità delle nostre cure con massima sicurezza degli operatori sanitari".
Ecco, questa è la stima di cui il "divo" Bassetti gode da parte dei colleghi, i quali chiedono di essere rappresentati da medici più, diciamo, attenti nel gestire questa grave emergenza sanitaria, al fine di tutelare la salute dei cittadini e per consentire la vera qualità delle cure con massima sicurezza.
Da sottolineare che la petizione, in pochi giorni raggiunse 2000 firme, non solo da parte dei sanitari.
Credo che non serva dire molto di più, i fatti parlano e parleranno, ricordo solo che 'sto "luminare", intorno a Marzo e Aprile, dichiarò che il Covid era da considerarsi come una banale influenza, per poi smentire se stesso subito dopo in tutta naturalezza, mentre ora è uno dei più accaniti sostenitori del vaccino come unica soluzione a una malattia grave, e non si sa neanche quante persone potrebbero essere rimaste vittime della sua incompetenza, ma soprattutto della sua presunzione.
Non me ne voglia Bassetti, ma anche se fosse, m'importa poco di lei che si lamenta pure, dopo aver fatto terrorismo mediatico per mesi, se qualche scemo le telefona e dice che vuole menarla. Non ne vale nemmeno la pena, mi creda, mentre è pure sotto scorta per le sue stupidaggini… e la scorta la paghiamo noi.
Tanto le dovevo.

20. OPERAZIONI MEDIATICHE

Quindi, il Professor Bassetti risulta come una delle tante "operazioni mediatiche", non si sa se pagate o meno, di chi ha interessi e mani in pasta nell' "operazione vaccino" e, se non fosse che non sono un "complottista", mi farebbe davvero pensare che nel siero, perché di un siero si tratta, ci mettono davvero qualcosa, come quando ai militari nazisti venivano somministrate droghe che aumentavano la loro aggressività e ferocia. Questo non perché ci creda, dato che penso invece che le droghe siano ben altre, ma perché tanta aggressività e cattiveria in giro non l'ho mai vista. Anche da parte di qualche "no vax" imbecille, ma soprattutto dai "pro vax", ed è innegabile!

21. FRASI SCONCERTANTI

Insomma, il vaccino fa male!
Non perché non abbia efficacia contro il Covid, sarà vero che riduce i contagi, sarà vero che chi si ammala avrà effetti che non saranno la terapia intensiva o la morte, sarà anche vero che i "pro vax" possono avere mille ragioni e nessuno gliele toglie, ma è altrettanto vero che il vaccino dà alla testa, dato che, come ho detto in precedenza, c'è una cattiveria in giro che non ho mai visto, soprattutto da parte di persone normali per le quali si è instaurato un meccanismo perverso per cui, o la pensi come loro o la pensi come loro. Non si scappa.
A onor del vero, anche se posso sembrare di parte, dato che non sono vaccinato, devo dire che sui "social", sui media in genere e in televisione le frasi più cattive non le ho sentite dai "no vax" cosiddetti, ma le ho ascoltate con disgusto, proprio con le mie orecchie e proprio dai vaccinati, che mal sopportano una scelta libera, e quasi sempre ben motivata, per cui gli altri non vogliono la vaccinazione, e neanche il "Green Pass".
Vedo molte persone lottare per quello in cui credono, per quelli che sono i propri diritti, per quelli che ritengono soprusi da parte di un potere che sembra non ammettere la pluralità di idee, ma non ho ancora sentito un "no vax" affermare che "vorrebbe vedere morire i vaccinati come mosche", affermazione di una persona che ho ritenuto in gamba fino a ieri e che oggi ritengo non sano di mente.
Ma vediamone altre per renderci conto di quello che dico, anteponendo il fatto che, come si fa ad auspicare che un lavoratore perda il proprio stipendio e a goderne pure non avendo fatto nulla se non aver paura del vaccino?
Come si fa a non pensare che questa persona non avrà da

poter dare da mangiare ai propri figli?
Come si fa a dire che se si ammalerà dovrà pagarsi le cure ospedaliere? Avendole oltretutto già pagate da tempo con le tasse e tutte le trattenute in busta paga.
E' allucinante una tale ferocia, una tale mancanza di rispetto, di lucidità, di comprensione e di sensibilità.
E io ancora non ci voglio credere che la gente sia così:

Mario Draghi (Presidente del Consiglio dei Ministri): "L'appello a non vaccinarsi è un appello a morire e far morire".

Matteo Bassetti (infettivologo): "Tutti i vaccinabili siano immunizzati, con le buone o con le cattive. Sono dei criminali, associazioni organizzate contro lo Stato".

Carlotta Saporetti (infermiera): "Mi impegnerò a staccare la spina ai pazienti non vaccinati".

David Parenzo (giornalista): "I rider dovrebbero sputare nel cibo dei no vax"

Francesca Bertellotti (infermiera): "Gli bucherò una decina di volte la solita vena facendo finta di non prenderla, e poi altro che mi verrà in mente".

Stefania Trezza (infermiera): "Per loro non faccio più le corse, si arrangiassero".

Giuseppe Gigantino (dottore): "Io sono molto democratico, campi di sterminio per chi non si vaccina"

Roberto Burioni (virologo): “Come sorci resteranno chiusi in casa agli arresti domiciliari”.

Libero (Quotidiano): “Criminali no vax”.

Zona Bianca (Rete 4): “Gli integralisti delle cure domiciliari”

Marianna Rubino (medico): “Soluzione, campi di concentramento e camere a gas”

Mauro Felicori (Assessore alla Cultura Emilia Romagna): “Carrozze dei treni dove segregare i no vax”

Mirko Ribul (medico): “Ricoverare per Covid amici lo trovo uno dei momenti più straordinari dell’umanità”

J-ax: “...se mettessimo delle taglie come nel Far West sarebbe meglio!”

Sara Dalla Torre (infermiera): “Li intubo senza anestesia, poi gli chiedo come stanno”.

Cesare Manzini (infermiere): “Sarò felice di mettergli le sonde necessarie negli appositi posti. Lo farò con un pizzico di favore in più”.

Andrea Scanzi (giornalista): “vorrei vederli cadere come mosche”.

Selvaggia Lucarelli (Opinionista): “Vorrei vederli ridotti a una poltiglia verdastra”.

Giuliano Cazzola (Giornalista e candidato Europa più): "I no vax sono terroristi e vanno sfamati con il piombo. Richiamate Bava Beccaris (Beccaris è stato un generale italiano che ha guidato la sanguinosa repressione dei moti di Milano del 1898)".

Alessia Morani (Deputata del Pd): "Non voglio essere infettata da loro".

Giovanni Spano (Vice sindaco di Villacidro): "Prego Dio che i no vax muoiano velocemente"

Sebastiano Messina (giornalista): "I cani possono sempre entrare, solo voi, come è giusto, resterete fuori".

Alessio D'Amato (Assessore alla Sanità del Lazio): "I no vax si paghino i ricoveri da soli"

Eugenio Giani (Presidente della Regione Toscana): "No vax fuori dai luoghi pubblici".

Stefano Feltri (Direttore di Domani): "Escludiamo gli evasori vaccinali dalla vita civile".

Paolo Guzzanti (giornalista): "Stiamo aspettando che i no vax si estinguano da soli"

Angelo Giovannini (Sindaco di Bomporto): "I non vaccinati mettano un cartello al collo, sarà possibile scansarli".
Ce ne sarebbero altre di frasi oscene, ma mi viene la nausea, oltretutto le persone normali non sono da meno, più spesso però con delle banalità.

22. BANALITA' 1

Vediamone una di banalità dei "pro vax", che oltretutto trovo estremamente superficiale come testo, tra l'altro "copiato e incollato" e al quale ho risposto poco tempo fa su Facebook.
Il testo pubblicato da un amico dice:
"Sono vaccinato e, no, non so esattamente cosa ci sia dentro, né in questo vaccino, né in quelli ricevuti da bambino, né nel Big Mac, ne negli hot dog, o in altri farmaci per trattare il cancro, l'AIDS, la poliartrite, o i vaccini per neonati o bambini. Mi fido del mio medico quando dice che è necessario. Non conosco l'effetto a lungo termine dell'uso del telefono cellulare o se quel ristorante in cui ho appena mangiato usava davvero cibi puliti e se in cucina si lavavano le mani. Non so nemmeno la qualità dell'aria che respiro e quali malattie potrebbe procurarmi. Non so cosa ci sia esattamente nella Nutella. In breve, ci sono molte cose che non so, o forse non voglio nemmeno sapere e che non saprò mai, so solo una cosa: la vita è breve, molto breve, e voglio ancora fare qualcosa di diverso dal semplice andare al lavoro ogni giorno o restare chiuso in casa. Voglio ancora viaggiare e abbracciare le persone senza paura e ritrovare un po' del sentimento della vita di prima. Da bambino e da adulto sono stato vaccinato contro la parotite, il morbillo, la rosolia, la poliomielite, la varicella e parecchi altri; io e i miei genitori ci siamo fidati della scienza e non abbiamo mai dovuto soffrire o trasmettere nessuna di queste malattie. Se non sei vaccinato rispetto la tua scelta, ma io sono vaccinato, e anche tu rispetta la mia scelta.
Mi sono vaccinato non per compiacere il governo ma:
* Per non morire di Covid-19.
* Per non ingombrare un letto d'ospedale se mi dovessi ammalare.

* Per poter abbracciare i miei cari.
* Per non dover fare PCR o test antigenici per uscire a ballare, andare al ristorante, andare in vacanza e tante altre cose a venire.
* Per vivere la mia vita.
* Per far tornare i miei figli, e i miei futuri nipoti a scuola e fare sport.
* Perché il Covid-19 sia un vecchio ricordo.
* Per proteggerci.

Signori “no vax” leggete con attenzione e meditate!

Ed ecco come ho risposto io:
"Amico mio, non sono vaccinato e, no, non so nemmeno io per niente cosa ci sia dentro questo vaccino, ma so cosa c’era in quelli ricevuti da bambino, ormai anche a distanza di tanti anni. So cosa c’è nel Big Mac e negli hot dog, altrimenti che li mangio a fare? Forse non so esattamente cosa ci sia in altri farmaci per trattare il cancro, l’AIDS, la poliartrite, o i vaccini per neonati o bambini, ma ho la certezza che, se voglio saperlo, basta che mi rivolga a degli specialisti che mi spiegheranno tutto. Infatti noi, come privati cittadini possiamo anche non sapere cosa c'è in tutte queste cose, ma appunto, ci sono gli esperti di settore che lo sanno perfettamente. Invece, nel caso del vaccino “anti Covid” attuale, nessuno sa cosa ci sia, dato che componenti e formula non sono noti e non si sa nemmeno come la formula sia stata assemblata. Ma anche io mi fido del mio medico quando dice che potrebbe essere utile la vaccinazione, ma che non è affatto necessaria, tanto meno che deve essere obbligatoria, punti di vista. Invece conosco perfettamente l'effetto a lungo termine dell'uso del telefono cellulare, lo so che fa male, e so se quel ristorante in cui ho appena mangiato usa davve-

ro cibi genuini e se in cucina si lavavano le mani, perché quando posso vado in ristoranti che conosco, o se mi capita di andare in altri ho un metro di valutazione che consiglio anche a te, cioè controllo il bagno, e se è pulito e in ordine perfettamente, allora posso fidarmi che anche per il resto sarà lo stesso. So che la qualità dell'aria è una schifezza, piena di smog e quant'altro e, anche se conta poco, personalmente cerco di essere il meno inquinante possibile. So anche quali sono le malattie che quest'aria potrebbe procurarmi. Mi pare invece che sia tu ad essere poco informato, e allora documentatati, perché io le conosco tutte 'ste cose banali, anche da internet, se no internet che ci sta a fare? Tra l'altro fai del male a te stesso se tante cose non le vuoi nemmeno sapere, quindi cosa mi stai dicendo in definitiva? Che sai che la vita è breve, molto breve? Non è una grande scoperta che possa meravigliare, e anche io voglio ancora fare qualcosa di diverso dal semplice andare al lavoro ogni giorno o restare chiuso in casa. Perché no? Voglio ancora pure io viaggiare e abbracciare le persone senza paura e ritrovare il sentimento della vita di prima. E' quello che vogliamo tutti, vaccinati e non, niente di che. Da bambino sono stato vaccinato, ma da adulto no, sono stato vaccinato contro la parotite, il morbillo, la rosolia, la poliomielite, la varicella e parecchi altri, e anche io e i miei genitori ci siamo fidati della scienza e non abbiamo mai dovuto soffrire o trasmettere nessuna di queste malattie. Ma ci siamo fidati tutti della scienza, perché in quei casi, la scienza stessa, ci ha messo a disposizione gli elementi per poterci fidare dopo anni di sperimentazioni e anni per l'approvazione dei vaccini. Comunque se sei vaccinato rispetto la tua scelta, ma io no lo sono, e anche tu rispetta la mia, cosa che, devo dire, spesso i vaccinati non fanno. Infine, non mi sono vaccinato

anche proprio per non compiacere il Governo, ciò non vuol dire che:
* Voglio morire di Covid-19.
* Che voglio ingombrare un letto d'ospedale se mi dovessi ammalare.
* Che non voglio abbracciare i miei cari.
* Sono pronto a fare PCR o test antigenici per uscire a ballare, andare al ristorante, andare in vacanza e tante altre cose a venire, ma non sono disposto a vaccinarmi.
* Voglio vivere la mia vita.
* Non ho figli né nipoti, ma se li avessi vorrei poter farli tornare a scuola e fare sport senza problemi
* E chi è che non vuole che il Covid-19 sia un vecchio ricordo?
* Voglio proteggermi, insomma, ma intanto sappi che anche tu vaccinato tante cose dovrai continuare a farle lo stesso. E ricorda che i non vaccinati non sono cretini e non sei tu la scienza.

Signori "pro vax" leggete con attenzione e meditate!

Testo non copiato, bisogna avere idee originali per parlare!

23. BANALITA' 2

Ed eccone un altro di testo insulso, anche questo copiato e incollato da molta gente, al quale mi sono sentito in obbligo di rispondere, un post che alla fine si sente pure in diritto di "mandarti a cagare".

Eccolo, si intitola "SIAMO O NON SIAMO RIDICOLI?"

Direi di no! Ho risposto subito, e senza "mandare a cagare nessuno", per un fatto di civiltà e rispetto, anche se questo scritto mi sono permesso di contestarlo da capo a fondo con moderazione, punto per punto, magari con un po' d'ironia per la sua puerilità.

E poi, intanto siamo sulla stessa barca e se ci "mandiamo a cagare" gli uni con gli altri affonderemo tutti nella stessa cacca.

Allora, il testo dice che:

"Ci siamo fatti 365 giorni di lockdown tappati in casa perché eravamo terrorizzati, e che si usciva solo con la scusa del cane. Che poi ci spogliavamo sul pianerottolo per non infettare in casa. Che ci levavamo le scarpe, e facevamo la doccia con l'amuchina. Poi la sera, che alle 21,59 correvamo a casa più veloci di Speedy Gonzales o Willy il Coyote, o come Cenerentola. Che da più di un anno indossiamo la mascherina e i guanti, anche all'aperto. Che siamo schedati dovunque, in Comune, all'Ufficio delle Imposte, a Equitalia e in Chiesa. Che siamo battezzati e vaccinati, senza aver potuto scegliere. Poi che abbiamo fatto la scuola dell'obbligo, e quando siamo partiti per qualche viaggio esotico, abbiamo fatto i vaccini richiesti. Che ingurgitiamo tonnellate di farmaci senza sapere cosa ci sia dentro. Che siamo schedati alla motorizzazione, che abbiamo il Telepass lo Spid e l'EasyPark, la PEC, la tessera sanitaria, il conto corrente online, la tessera del super-

mercato, di profumerie, di negozi di abbigliamento o librerie. Che facciamo il “cashback” e giochiamo alle lotterie degli scontrini; che acquistiamo su Amazon, che abbiamo la carta d’identità, la patente, il passaporto, il codice fiscale, le carte di credito e il bancomat. Che siamo iscritti a FaceBook, e che tutti sanno dove siamo, cosa mangiamo e che si sa anche il colore delle mutande che indossiamo. Quindi per questo testo delirante dei vaccinati dovremmo “andare a cagare” e non lamentarci per le restrizioni che dobbiamo e dovremo subire compreso il “Green Pass? Per questo non dovremmo replicare a questo testo demente?
Infatti ho replicato:
“Allora, io non mi sono fatto 365 giorni di lockdown tappato in casa perché ero terrorizzato, e non uscivo con un cane che non ho, in più non mi sono mai spogliato sul pianerottolo facendo lo strip a favore dei vicini. Non mi sono mai levato le scarpe, a parte quando era necessario, e la doccia l'ho sempre fatta con acqua e bagno schiuma. La sera, alle 21,59 non ho mai corso più veloce di Speedy Gonzales, anche perché correre non è nelle mie prerogative, nemmeno come Willy il Coyote e soprattutto non come Cenerentola non avendo tendenze omosessuali (con tutto il rispetto per gli omosessuali). Da più di un anno è vero, indosso la mascherina quando serve, ma non come uno scemo quando sono da solo, e i guanti non li conosco.
Non sono schedato da nessuna parte avendo la fedina penale pulita e non vivendo in epoca fascista (almeno spero, ma non lo so più). Ma certo, dalla nascita risulto in Comune, non essendo senza fissa dimora, all’Ufficio delle Imposte, e come tutti a Equitalia, e in Chiesa, forse da quando mi sono sposato, ma ho capito presto e mi sono divorziato Beh, che c'è di male? Sì, sono battezzato e vaccinato, ma appunto

senza aver potuto scegliere perché ero piccolo, e per me hanno scelto i miei genitori, ma su vaccini testati, confermati dopo anni di studi e non sperimentali. E poi non solo ho fatto la scuola dell'obbligo, ma ho fatto molto di più coscientemente e volontariamente. Quando sono partito per qualche viaggio esotico ho fatto i vaccini richiesti, ma sapendo bene che non mi inoculavano veleni, perché anche questi non erano sperimentali, e comunque se me li avessero imposti sarei rimasto nella nostra bella Italia che è il paese più esotico di tutti. Comunque chi lo dice che ingurgito tonnellate di farmaci? E quando ne prendo qualcuno che mi serve leggo il bugiardino, non solo, ma lo studio pure e mi documento sulle possibili reazioni avverse, che so bene cosa sono non essendo l'ignorante che si descrive nel testo, e non essendolo stato nemmeno fino all'anno scorso. E poi non sono schedato, forse alla motorizzazione sì possedendo un'automobile, ma che c'entra? E poi se mai non sono schedato, ma iscritto. Il Telepass ce l'ho perché ho scelto di averlo, non me lo hanno imposto, se ho lo Spid non lo so, e nemmeno l'EasyPark, la PEC meno che meno, la tessera sanitaria sì, il conto corrente online pure, nessuna tessera del supermercato, di profumerie, di negozi di abbigliamento o librerie. E in ogni caso tutte cose che una persona sceglie liberamente di avere senza obblighi, se vuole. Non ho fatto nessun "cashback" e, tanto meno, lotterie degli scontrini. Qualche acquisto su Amazon l'ho fatto, ma davvero pochi, e ci mancherebbe che non abbia la carta d' identità, la patente, il passaporto, il codice fiscale, le carte di credito e il bancomat. Sì, sono iscritto a FaceBook, ma per volontà, e se mi scassa la minchia posso togliermi. Oltretutto non comunico a nessuno dove sono, ma quello che penso sì, come in questo caso, ma cosa mangio lo so io, e nessuno conosce

il colore delle mutande che indosso… bianche di solito, ve lo dico ora se siete curiosi. Per cui, non avendo fatto quasi nulla di ciò che mi si imputa, anche se penso che il “Green Pass” sia una grande stronzata che limita la mia libertà, perché dovrei “andare a cagare”? Quella è una funzione che espleto come tutti, e meno male!
Capite l’assurdo che gira?

24. I SEMAFORI ROSSI NON SONO DIO

Ed ecco ancora una “stronzata vagante”.

Oddio, i semafori rossi.

Ebbene, ce ne sono di tre tipi.

Il primo è quello tradizionale che troviamo agli incroci e sembra che il primo esempio di segnaletica riconducibile al semaforo odierno risalga al 1862, quando a Londra fu installato un segnale, derivato da quelli ferroviari del tempo, inventato a Nottingham e che era costituito da una lanterna a gas rotativa che alternava una luce rossa ad una verde, con indicazioni tramite cartelli e illuminazione durante l'uso notturno. L'esperimento resse per tre settimane finché il 2 gennaio 1869 la lanterna esplose ferendo agli occhi il poliziotto che l'avviava. Questo semaforo, rimasto l'unico nella città di Londra, fu rimosso definitivamente nel 1872, ma il primo semaforo ad illuminazione elettrica venne installato a Cleveland, all'angolo fra la 105ª strada Est e la Euclid Avenue. Fu messo in funzione il 5 agosto 1914 e disponeva di due sole luci, rossa e verde. In ogni caso questi primi esempi sono tutti relativi a semafori comandati manualmente, e per avere i primi controlli automatici dovranno passare ulteriori due anni negli Stati Uniti, da cui verranno anche esportati in Europa. Così, per avere i primi esempi di semaforo a tre luci bisogna attenderne l'installazione di sei anni più tardi, grazie ad una prima invenzione di William Potts, nell’Ottobre 1920 a Detroit, nell'intersezione tra Woodward e Michigan Avenues. Successivamente, nel 1923, Garret Morgan, inventore nato a Paris nel Kentucky, brevettò il sistema a 3 tempi i cui diritti vennero poi ceduti alla General Electric. Ma è nel 1922 che si assiste alla prima installazione europea, a Parigi, seguita dalle installazioni nelle più

grandi città come Amburgo, Berlino e Milano, qui con il primo semaforo italiano, installato all'incrocio tra Piazza Duomo, Via Orefici e Via Torino.
Ma perché faccio questa cronistoria del semaforo? Perché il secondo tipo di semaforo è quello usato dai sostenitori del "Green Pass" come esempio per dimostrare che le leggi vanno rispettate e che, secondo loro, come ci si blocca con il semaforo rosso, allo stesso modo si deve rispettare l'introduzione dello "strumento verde", il "Green Pass", che dimostrerebbe la vaccinazione come unica soluzione al Covid.
Ma che esempio è? Come quando si dice che per guidare ci vuole la patente?
Ma benedetto Iddio, a me nessuno me lo impone di prenderla, e se voglio ne posso fare a meno con nessuno che dica niente.
Ma il "Green Pass" no, quello me lo obbligano, pure spacciandolo per un semaforo, ma come si evince, il semaforo vero ormai esiste da cent'anni e sappiamo bene come funziona, cos'è e come salva la vita. Cosa che non sappiamo affatto per il vaccino "anti Covid".
Quindi direi che è bocciata la similitudine tra il rispetto del "Green Pass" e quella del semaforo.
Ma oggi c'è anche un terzo semaforo.
Forse non ci rendiamo conto dove stiamo arrivando, e ditemi poi che questo non è uno strumento di "discriminazione di massa".
Infatti, dal 13 Settembre, in tutte le scuole italiane, per ordine del Ministro dell'Istruzione, e attivo il terzo tipo di semaforo.
Che cos'è?
Una schifezza innanzitutto secondo me, ma in parole povere è quello strumento che viene usato dal Preside di ogni istituto italiano, alla mattina, prima che inizino le lezioni.

Perché lui o lei, prima di ogni altra cosa, dovrà aprire il computer che gli darà una schermata dove compariranno tutti i docenti.
A quel punto, accanto a ogni nome comparirà un semaforo che potrà essere di colore rosso o verde. Se sarà verde significa che il docente ha il "Green Pass" valido e l'insegnante entra, invece tutti quelli per cui comparirà il colore rosso vorrà dire che non hanno il "Green Pass, oppure che non è valido. Allora non potranno entrare e, tutti i "colori rossi" verranno riuniti come appestati per una verifica ulteriore e, se mai, se ne dovranno tornare a casa, potendo anche subire una sanzione pecuniaria che va dai 400 ai 1.000 euro.
Ripeto, ma vi rendete conto?
E poi ci si lamenta se qualcuno fa accostamenti con periodi storici da dimenticare. Poveri noi!

25. SIMILITUDINI

Rispetto alle stupidaggini, alle banalità, ma anche alla ferocia di cui abbiamo accennato prima, purtroppo e mio malgrado, devo ammettere che sono preoccupato per quello che sta avvenendo e quello che potrà avvenire in Italia. Soprattutto perché vedo cambiamenti estremi anche in persone che conoscevo in tutt'altro modo e che oggi, dopo il vaccino, mi appaiono totalmente diverse. Siamo nell'epoca dei "social" per cui, per dimostralo, ma dopo per dimostrare anche qualcos'altro di molto più grave, riporto ciò che è avvenuto appena ieri quando mi sono permesso di criticare un post che forse voleva essere ironico, ma che a me è sembrato irriverente e poco rispettoso sia per chi non ritiene valido il "Green Pass", ma soprattutto per i tanti morti che ci sono stati e che ancora ci sono. Ricordando che i morti sono morti, da qualsiasi parte si siano schierati in vita.

In sintesi il post diceva:

"Siamo una farmacia. Si ricorda ai signori pazienti che la vaccinazione "anti Covid" resta non obbligatoria. Infatti ci sono un sacco di posti dove il "Green Pass" non è richiesto. In terapia intensiva, per esempio, entrano quasi tutti senza. Anche le Pompe Funebri in genere non fanno storie!"

Insomma, ho scritto all'amico che chiamerò Francesco con un nome di fantasia: "Mi chiedo perché diffondere messaggi del genere con questa macabra ironia. Non siamo già abbastanza inguaiati in questa lotta fratricida? Non è giusto poter avere proprie opinioni libere? Caro Francesco, sei un bravo ragazzo, ma sappi che la cattiveria non paga mai".

Francesco mi risponde, devo dire con molta umiltà e molto onestamente: "Ho trovato questo post e l'ho condiviso ironicamente, rispetto le idee di tutti anche quando non le con-

divido. E soprattutto ho rispetto per i morti. Non volevo offendere nessuno".
E fin qui va bene, ma si intromette un altro amico che chiamerò Savino, sempre con un nome di fantasia, una persona che stimavo, anche per i suoi trascorsi in politica essendo sempre stato, almeno credevo, dalla parte dei più deboli. Ma mi sorprende già dalla prima comunicazione in cui dice: "Scusami Biagio, ma per il principio di reciprocità credo che anche i "pro vax" dovrebbero essere liberi di poterla pensare diversamente e poter esercitare il diritto di satira, fra l'altro garantito dalla Costituzione. Non credi?".
Al che rispondo una prima volta: "Caro Savino, conoscendomi sai perfettamente che sono per l'assoluta libertà di espressione. Ognuno ha il diritto di avere la propria idea, ci mancherebbe, ma ho soltanto trovato il post di cattivo gusto parlando di morti, proprio per rispetto ai morti che ci sono stati e che ci sono ancora, da qualsiasi parte siano e siano stati… perché esacerbare gli animi già esaltati per cui quasi ci si scanna? Hai capito malissimo, non ho detto che Francesco non può esprimere la propria idea".
Ma ecco che arriva l'altra invettiva da parte di Savino: "Non ci si scanna, si esprimono civilmente le proprie idee, e solo attraverso la satira, senza cortei, senza tentare di bloccare i treni, senza picchiare i medici e senza aggredire i poliziotti (n.d.r. dando per scontato che siano i "no vax" a fare tutto questo). Vedi, amico mio, capisco che a volte si possano prendere alcune posizioni per i motivi più svariati, ma per mantenerle non occorre ogni volta alzare l''asticella del paradosso. Io sono convinto che sbaglia chi stuzzica i "no vax" e chi è contro il "Green Pass", anche perché si tratta di una esigua minoranza (falso), anche se molto rumorosa, anche perché le proteste si vanno affievolendo (fal-

so anche questo), ma credo che ognuno, compreso i favorevoli al vaccino, abbia il diritto di esprimere il proprio pensiero nei modi consentiti dalla legge e dalla Costituzione senza rischiare di essere aggredito fisicamente o anche solo verbalmente (ma evidentemente non aveva già capito la mia prima risposta).

Ed eccomi di nuovo: "Forse non hai letto bene la mia risposta precedente, e lo ripeto allora, qui il problema non è l'espressione delle proprie idee, è quello che ho visto nel post che non rientra nella satira. La satira è altra cosa, e ridere sui morti, chiunque essi siano in questo momento, lo trovo semplicemente di cattivo gusto tutto qui… Non voglio affermare alcun concetto, io so bene dove stare, come lo saprai tu, ma mai metterei sul social un post sulle Pompe Funebri per chi non ha il "Green Pass… ciò, se mai i "no vax" siano violenti, è altrettanto violento come quei cortei di cui parli e credimi, cortei e manifestazioni alle quali non partecipo, ma qui ora sembra che i "no vax" siano solo coloro che picchiano e menano, mentre la polizia è santa… intanto la Schilirò, per aver osato esprimere liberamente le proprie idee, anche sulla Costituzione che citi più volte, e come chiedi anche tu, ora è soggetta a provvedimenti disciplinari…".

Dopodiché, proprio da Savino, mai mi sarei aspettato questa replica più che reazionaria: "La Schilirò non è un cittadino comune, ma un vice questore. Se dalla Polizia ci spostiamo alle Istituzioni la sua carica equivale a quella del Vice presidente della Repubblica, ovvero al Presidente del Senato. Ora prova un po' a immaginare il Presidente del Senato che sale su un palco e dice che i cittadini hanno il diritto di ribellarsi ad alcuni articoli della Costituzione. La Schilirò ha fatto qualcosa del genere, e non dirmi di no, altrimenti fai violenza alla tua intelligenza. Non s'era mai visto

un esponente di “alto rango” delle Forze dell'Ordine o della Magistratura dichiarare da un palco che le leggi te le puoi mettere sotto i piedi. Fosse per me, non solo la radierei dalla Polizia, ma la incriminerei per incitamento a violare le leggi dello Stato. Socrate non ha insegnato niente. Per quanto riguarda la satira di Francesco non c'è nessuna offesa ai morti di Covid, tutt'altro, quei morti li offendono quelli che che creano disordini contro l'obbligo del “Green Pass”, pur in presenza di accorati appelli a vaccinarsi di ex “no vax” finiti in terapia intensiva e, alcuni, purtroppo deceduti. Il post è solo un ricordare ai vivi, non ai morti che non ne hanno più bisogno, che non vaccinarsi potrebbe significare finire in terapia intensiva o addirittura al cimitero. Cosa ci sia di offensivo nei confronti dei morti di Covid proprio non lo capisco. Sarò ottuso, ma non lo capisco”.
E io, allibito, concludo: “Perdonami, anche rispettando le tue idee, e con tutta la buona volontà, mi sembri su posizioni piuttosto dure e retrograde che da te non mi aspetto… a meno che non si voglia rinnegare un passato fatto anche di “disobbedienza civile”, che, te lo ricordo, non è un reato, ma un diritto… il PC al quale appartenevi, e il ‘68 ci sono stati, anche per te e proprio con te mi pare, con tante manifestazioni dove purtroppo le cariche ingiustificate della Polizia c'erano eccome, pure nel G8 di Genova, che non va dimenticato per le violenze subite da tanti manifestanti inermi… e poi da quando in qua un Poliziotto deve stare a quello che vuole il regime? Da quando deve seguire ciò che il potere vuole senza poter esprimere le proprie idee da privato cittadino, come la Schilirò lo era nel momento delle sue dichiarazione dal palco? Avrebbe dovuto fare finta di essere diversa da quello che è e da quello che pensa? Avrebbe dovuto mentire o stare muta di fronte a qualcosa che non ap-

prova? Tu questo vorresti? Questo vogliono i “pro vax”? Cioè, siccome si fa parte di un corpo di Polizia per lavoro, anche se il lavoro lo si è svolto bene, bisogna stare zitti e sottomessi? Addirittura, secondo te, e secondo voi, dovrebbe essere radiata se non lo fa? Perdonami ancora ma io non ci sto. Tu sei disposto ad abbassare la testa quando qualcosa non ti va? Spero di no, ma tutto può essere. Per Francesco poi lo conosco bene e so che il post lo ha messo per gioco e senza rendersi conto di quello che faceva. Lo stimo come persona e ce lo siamo anche detto. Ma mi meraviglia tanto che tu non ci trovi nulla di strano quando si dice che le Pompe Funebri non chiedono il “Green Pass”. Vabbeh, diciamo che sono punti di vista, ma io mi tengo i miei e tu naturalmente i tuoi, però, nonostante le disquisizioni sui vaccini, giuste o meno che siano, ritengo ancora che la libertà sia un bene di cui tutti devono godere, ma mi pare che tu alla Schilirò la negheresti, quindi anche ad altri se non obbediscono, ed evidentemente anche per te la libertà è qualcosa che può andare a singhiozzo, un bene che si usa a seconda di quanto ci fa comodo e di chi la può ottenere o meno. Chiudo e non ho intenzione di portare avanti una discussione così sterile, mi pare. A me non serve. Rimane l'amicizia naturalmente, ma ora con qualche riserva”.

Ecco tutto, e il perché ho parlato di questa cosa sta solo nel fatto che, come dicevo all’inizio, mi destabilizza vedere, anche in persone che credevo di conoscere profondamente, dei cambiamenti radicali nell’abbracciare e portare avanti idee così pericolose. E non si scandalizzi nessuno, perché questo assomiglia tanto a ciò che successe nelle Germania nazista di cui parlerò adesso, proponendomi dopo di rimarcare chi è Nunzia Alessandra Schilirò, che merita un capitolo a sé.

26. LE ORIGINI DEL NAZISMO

"La porta dell'Inferno" può manifestarsi in tanti modi, non solo con la mostra che si aprirà il prossimo 15 Ottobre al Quirinale. "La porta dell'Inferno" si manifestò anche agli inizi dell'ideologia nazista, che poi ha visto gli scempi e le scelleratezze che ci sono state.

Naturalmente è chiaro che il paragone che voglio fare non preveda che in Italia succeda quello che è successo con il Nazismo, per i campi di sterminio e quant'altro, per cui il popolo ebraico ha tutto il mio rispetto possibile e immaginabile, ma si vuole solo evidenziare il fatto di come certe idee particolari, anche bislacche e non certo positive, possono piano piano installarsi nella mente di alcune, o di molte persone, che nemmeno se ne accorgono e che, nel tempo, perdono di vista la realtà, e anche cosa è giusto o meno, facendo proprie queste idee che mai in altri momenti avrebbero condiviso.

E per dare supporto a quanto segue, molto esplicativa è l'allegoria della "rana bollita"."C'era una rana in un pentolone sul fuoco dove però l'acqua era ancora fredda, e la rana non aveva problemi. La temperatura saliva e l'acqua diventava tiepida, la rana quindi la trovava addirittura piacevole. Ma l'acqua si riscaldò ancora di più, e la rana iniziò a perdere le forze, così quando l'acqua raggiunse la sua temperatura massima e bollì, la rana si ritrovò lessata e morì senza rendersene conto".

Ecco l'allegoria che rappresenta molte persone alle quali le idee e le imposizioni arrivano per gradi, fino a che non si accetta tutto senza reazioni e, anzi, si diventa parte integrante e fautori in prima linea di queste idee.

L'ideologia nazista fondò le sue origini nel malcontento diffuso in Germania alla fine della "Prima guerra mondiale" e confermato dalla sconfitta tedesca che aveva condotto il Paese sul lastrico. Nacque così nella gente il desiderio di trovare nuove guide e nuovi ideali rispetto a coloro che erano stati al potere in quegli anni. Si vennero così a creare diversi partiti di estrema destra; tra questi il "Partito degli operai tedeschi" che prese poi il nome di "Partito nazionalsocialista", al quale, con la tessera 555 (che assomiglia molto al 666 demoniaco), s'iscrisse anche Adolf Hitler. Quest'ultimo, usando proprio il meccanismo della "rana bollita", di lì a poco scalò la gerarchia interna del partito e ne diventò il leader assoluto, sostenuto e osannato soprattutto dal Ministro della Giustizia Hans Frank, che ebbe a dire: "Hitler è unico, e anche Dio lo è. Hitler è come Dio". Da questo partì l'idea fondamentale del nazismo, dalla quale derivarono poi tutte le altre. Ma Hitler, che conosceva benissimo il livello socio economico di molti ebrei che vivevano allora in Germania, diversi erano anche banchieri che praticamente avevano in mano il potere economico, inventandosi di sana pianta alcune cose, puntò sulle "teorie darwiniane" e in proposito iniziò a dire: "Il più forte trionfa, perciò non deve esistere compassione verso gli altri, né rispetto per le leggi etiche". Fu così che creò l'idea di una razza superiore, la cosiddetta "razza ariana", l'unica degna di vivere e governare, se necessario anche per mezzo della violenza. Il concetto di "razza ariana" venne quindi sviluppato e manipolato attraverso studi "pseudoscientifici" falsi, come si sa, sull'anatomia e sulla biologia umana, che permisero ai nazisti di giustificare tutte le loro azioni, definendole invece di derivazione scientifica. Per cui, tutti coloro che non rientravano nei "canoni" prestabiliti non meritavano nulla. Difatti iniziò ad essere fomentato l'odio verso il "diverso", manifestato tra l'altro sin dal principio dal partito di Hitler, che dopo mirò e colpì in maniera violenta gli ebrei. L'antisemitismo venne anche favorito dall'incapacità degli ebrei presenti nel territorio di difendersi, quindi fu molto facile diffonderne un'immagine distorta. Il pregiudizio "antigiudaico" comunque era sempre stato più o meno presente nella cultura cattolica, ma le basi sulle quali si fondò l'antisemitismo nazista erano anche altre. La "lotta" del partito nazista non fu infatti solamente di tipo religioso, ma legata anche a motivi fisico-politico-economici che evidenziavano una netta "differenza" e "incompatibilità" tra la razza ariana e quella ebraica. A quel punto l'ebreo divenne colpevole di qualsiasi cosa, e il concetto di "colpa" divenne basilare nel programma di propaganda di Hitler, poiché gli ebrei furono anche accusati di essere i responsabili della sconfitta nella "Prima Guerra Mondiale". Inoltre ogni ebreo era parte di una massa nella quale tutti avevano le stesse colpe e se un singolo ebreo commetteva un delitto, automaticamente tutti gli ebrei l'avevano a loro volta commesso. Il programma politico del "Führer" non rese subito nota la volontà della distruzione fisica di massa degli ebrei, che in quel momento dovevano soltanto essere esclusi da ogni contatto con il resto della società, ma ci si arrivò per gradi alle deportazioni e agli stermini, quando più dell'80% dei tedeschi erano convinti realmente che questa fosse l'unica cosa da fare e l'unica soluzione. Fu tutto molto ben congegnato, altrimenti molti tedeschi non sarebbero caduti nella rete della falsità e non avrebbero fatte loro le teorie del "Mein Kampf", la "Bibbia Nazista".

Ora, precisando che ogni riferimento a fatti persone e cose è puramente casuale, provo a raccontare una "storiella" italiana per vedere se ci possono essere analogie tra la storia

descritta più sopra e la mia favola.
Intanto lo dico subito che, in tutte e due, è il fattore economico che le accomuna, e racconto:
"In un Stato, dove la ripresa economica era fondamentale a causa di una "pandemia" in corso che lo aveva messo in ginocchio, c'era un forte malcontento diffuso tra i cittadini e questi, durante il precedente Governo, avevano il desiderio di trovare nuove guide e nuovi ideali per risollevarsi, e si erano venute a creare partiti politici assai particolari. Ma poi prese il potere un Primo Ministro, un "drago" dell'economia e della finanza, che iniziò subito a usare il meccanismo della "rana bollita" per portare il popolo dove voleva lui. Immediatamente fu messo a capo della gerarchia e divenne un leader assoluto, sostenuto e osannato da tutti come fosse un dio unico. Questo conosceva benissimo il livello socio economico dei cittadini e, avendo in mano il potere, si inventò di sana pianta molte cose, e siccome per la "pandemia" era iniziata una campagna di vaccinazione, se ne inventò una su tutte che venne chiamata "Obbligatory Pass", riservata solo a coloro che si erano vaccinati e che non prevedeva compassione verso chi non lo aveva, usandolo oltretutto come schermo e spacciandolo come rispetto per le leggi. Così creò l'idea di una razza superiore, quella dei "pro vacc", che era l'unica, detenendo l'"Obbligatory Pass" degna di vivere liberamente, se necessario anche usando la violenza, soprattutto verbale. E il concetto di vaccinazione venne quindi sviluppato e manipolato a dovere attraverso studi pseudoscientifici falsi, e anche diffusione di statistiche false, che permettevano di giustificare molte subdole azioni, definito invece di derivazione scientifica. Per cui, tutti coloro che non rientravano nei canoni prestabiliti, cioè i non vaccinati, non meritavano nulla. Difatti iniziò ad

essere fomentato l'odio verso il "diverso", favorito dall'impossibilità dei non vaccinati presenti nel territorio di difendersi e replicare. Quindi fu molto facile diffonderne un'immagine distorta, e il pregiudizio vaccinale comunque era già più o meno presente da sempre nella cultura vaccinista, ma le basi sulle quali si fondava l'"antinovaccismo" erano altre. La lotta della cultura dominante non era infatti solamente di tipo sanitario, ma legata a motivi soprattutto economici che sfruttavano la netta differenza e incompatibilità tra vaccinati e non. Fu a questo punto che il "no vacc" divenne colpevole di qualsiasi cosa, e il concetto di colpa era basilare nel programma di propaganda di Governo, perché i "no vacc" erano accusati di essere i possibili responsabili della diffusione della malattia. Inoltre ogni "no vacc" era parte di una massa nella quale tutti avevano le stesse colpe e se un singolo "no vacc" imbecille commetteva un reato, ecco che automaticamente tutti gli altri non vaccinati, a loro volta, lo avevano commesso. Ma il programma politico del Primo Ministro non rese subito palese la volontà della distruzione di massa dei non vaccinati, che per ora dovevano soltanto essere esclusi da ogni contatto con il resto della società, ma ci si sarebbe arrivati per gradi al loro annientamento, convincendo tutti i "pro vacc" che questa era l'unica cosa da fare e l'unica soluzione".

27. NUNZIA ALESSANDRA SCHILIRO'

Dopo tutte le negatività che abbiamo visto, diamo ora però anche un'occhiata ad alcuni personaggi estremamente positivi, a partire da Nunzia Alessandra Schilirò per arrivare poi a Vittorio Sgarbi, Massimo Cacciari e Gianluigi Paragone.
Ma chi è Nunzia Alessandra Schilirò?
Nunzia Schilirò è una persona che sarà sottoposta a procedimento disciplinare in quanto, come Vice Questore aggiunto della Polizia di Stato di Roma, ha "osato" intervenire, su un palco in piazza San Giovanni, a una manifestazione contro il "Green Pass".
"Sono qui come libera cittadina per esercitare i miei diritti garantiti dalla Costituzione", ha detto nel suo intervento, ed ecco che nel "regime" si è scatenato il finimondo.
La Schilirò è originaria di Catania, e ovviamente ha ringraziato chi l'ha applaudita sul palco della manifestazione e scrive in un post: "Mai avrei immaginato di finire su quel palco e, invece, non me la sono sentita di tacere. Grazie di cuore alle migliaia di persone che mi hanno ascoltato e nemmeno mai avevo visto tanta gente a una manifestazione nella Capitale".
Nunzia Alessandra Schilirò è nata a Catania nel 1978, ha diretto per quattro anni, dal 2014 al 2018, la quarta sezione della squadra mobile di Roma, che si occupa di reati sessuali contro le donne, i minori e le fasce vulnerabili. Ha coordinato il progetto "Questo non è amore" per la Provincia di Roma, per prevenire e reprimere il fenomeno della violenza di genere, e il progetto "Blue box" per combattere il bullismo nelle scuole. Nel 2017, ha vinto tre premi (il "Premio Simpatia" per aver coordinato l'équipe romana del progetto "Questo non è amore", il "Premio Pavoncella" e il

"Premio Sicurezza") per il suo impegno contro la violenza di genere. Ha risolto alcuni dei casi di violenza che più hanno colpito l'opinione pubblica. Nonostante questo verrà punita per le sue dichiarazioni, mentre come Poliziotto avrebbe dovuto stare muta, come nel più bieco dei metodi mafiosi. Ma cos'ha detto di così tremendo contro il potere? Cosa ha detto di diverso da quello che un privato cittadino ha il diritto di dire in democrazia? "La porta dell'inferno" si aprirà anche per lei?

"Avrei potuto fare come altre persone, come altri miei colleghi, farmi rilasciare questa tessera, questo marchio di discriminazione. Ma sono qui per dissentire con il "lasciapassare verde", che è incompatibile con la nostra Costituzione, perché nessun diritto può essere subordinato a un certificato, che non esiste da nessun'altra parte del mondo, tra l'altro, con questa severità. A chi dice che noi forze dell'ordine siamo chiamati a far rispettare leggi, dico che è assolutamente vero, peccato che il "Green Pass" italiano sia assolutamente illegittimo. Se l'amministrazione non gradisce la mia fedeltà alla Costituzione e al Popolo Italiano, mi dispiace, ma io andrò avanti lo stesso. Andrò avanti sempre, con o senza divisa, per amore del mio Paese"

Questo in sintesi il suo intervento che, in democrazia, le costerà caro.

28. VITTORIO SGARBI

Chi non lo conosce? Di lui si sa di tutto e di più, ma spesso la sua immagine pubblica contrasta con quello che è realmente, perché chi lo conosce davvero, e personalmente, sa che uomo adorabile sia, nonostante le sue apparizioni pubbliche. Sgarbi, al di là di essere un critico d'arte come pochi al mondo ce ne sono, è anche una persona, una persona molto sensibile che non ha nessuna spocchia, nessun atteggiamento da divo, una persona disponibile con la gente alla quale non nega mai una parola buona o un abbraccio sentito, una persona sempre al servizio dei più deboli. E che ci vogliamo fare se è un po' pazzo? Non è forse vero che i geni spesso lo sono? Altrimenti come giustificare i tributi che sono stati attribuiti a Maradona? Genio e sregolatezza, ma della loro vita questi geni possono farne ciò che vogliono, l'importante è che ciò non leda mai il diritto e la libertà degli altri. Ma perché Sgarbi rientra in un capitolo di questo libro? Ci rientra per le sue posizioni democratiche nei confronti della "pandemia", del vaccino e del "Green Pass", nonostante abbia deciso liberamente di vaccinarsi.

"Voi entrate in qualità di frequentatori abituali nel vostro bar preferito, gioiosi e pronti a godervi un meritato e gradevole momento di relax da soli o in compagnia ma, improvvisamente, il barista vi sottopone una lista di certificazioni sanitarie da mostrare, necessarie per usufruire dei servizi del locale. Tra le documentazioni richieste prima di tutto dovrete mostrare il "Green Pass", poi esporre in sequenza: le analisi dell'ultimo tampone eseguito, le analisi del sangue, delle urine e delle feci, la certificazione delle malattie avute in passato ed eventuali contatti con positivi al Covid e il numero delle dosi di vaccino ricevute. Poi dovrete igienizzarvi le mani,

indossare la mascherina, misurare la temperatura e, per concludere, presentare un'autocertificazione con le date dei vostri ultimi viaggi all'estero. Ora potrete abbassarvi la mascherina e consumare tranquillamente il caffè!
Questa una delle sue esilaranti dichiarazioni.
"Draghi abbia il coraggio di mettere l'obbligo vaccinale, prendendosi la responsabilità sulle relative controindicazioni. Facile giocare con il "Green Pass" per persuadere, convincere, creare un ricatto per chi non vuole fare qualcosa. Caro Draghi, considero la tua intelligenza di europeo, ma in questo caso sei un provinciale italiano contro la democrazia".
Queste invece le parole più serie di Vittorio Sgarbi nel corso della sua dichiarazione di voto alla Camera dei deputati sul "Green Pass".
E per concludere su di lui:
"Nella gestione del Covid deve prevalere la libertà del singolo o quello della collettività? È un problema malamente posto, la libertà collettiva, per esempio, è quella che dovrebbe proibire alle persone di fumare, siccome il fumo porta il cancro. Oppure, se qualcuno va in Messico prendendo l'aereo, altri ci vanno in altri modi, io Stato non posso imporre l'aereo. La legittimità di essere contrari al "Green Pass", normalmente è la legittimità di chi dice di aver paura di fare il vaccino per gli effetti collaterali che può provocare. Gli incidenti automobilistici sono molto più gravi come quantità di morti, ma tu puoi avere tanti incidenti e non morire, poi ne hai uno solo in aereo e muori. Io ti posso obbligare a prendere l'aereo? No! La libertà personale allora supera la libertà collettiva. Lo fai per te, se io non faccio il vaccino mi faccio un danno da solo, tu sei protetto con il vaccino. Perché devi costringere chi non lo vuole fare? Ci sono anche motivazioni religiose, benché siano bizzarre. In Italia non

puoi andare a teatro e nei musei senza "Green Pass", ma in Spagna lo puoi fare. Siamo in Europa o no? Ho detto tutte queste cosa a Draghi e lui mi ha risposto con una cosa molto precisa, cioè: "Sono d'accordo con te, ma a noi non interessa il "Green Pass" in sé come strumento che abbia una sua oggettiva necessità, ci serve solo per "convincere" le persone a vaccinarsi". Praticamente mi ha dichiarato un ricatto. Quindi, per "convincere" a vaccinarsi si impone il "Green Pass", altrimenti sei un cittadino di Serie B. È ridicolo! Poi Draghi potrà smentirmi, ma è furbo, e ha usato questo metodo per il "convincimento". Poi voglio spendere due parole sulla Schilirò, che è una donna straordinaria, e come cittadina ha il diritto di dire quello che vuole. Fa la poliziotta otto ore al giorno, non è la cameriera di Luciana Lamorgese. Non una serva dello Stato. È una donna che ha delle idee e può manifestarle. Quelli che fanno la rivoluzione hanno un pensiero autonomo, altrimenti la storia sarebbe ferma. La sua libertà di pensiero è garantita da una Costituzione civile di un Paese civile, che non è però in Europa. Siamo un Paese che era civile e che ora vuole essere una dittatura limitando la libertà di pensiero. La Schilirò è una donna e una persona, non soltanto una poliziotta al servizio del potere".

29. MASSIMO CACCIARI

Ed ecco un altro “folle”, vaccinato pure lui per scelta, ma che non per questo vuole vivere in una dittatura.
Massimo Cacciari non è uno stupido qualsiasi, è un filosofo, politico, accademico e opinionista italiano, ex Sindaco di Venezia che dice: “Green pass? È un obbligo spacciato ipocritamente per libera scelta. Allora, in una crisi radicale, bisogna parlare chiaro. È proibita l’accidia. Per fortuna che c’è un conflitto, altrimenti finiremmo come la Russia, nella migliore delle ipotesi, o come la Cina. L’intellettuale ha una funzione critica e questa funzione in Europa esiste dai tempi di Talete, essendo parte integrante della cultura europea, o saremmo ancora a Tolomeo. Può un intellettuale accettare certi discorsi falsi sulla scienza? La scienza consiste nel superare i dogmatismi, e dopo due secoli di “epistemiologia scientifica” siamo a questi livelli? Ma quali verità della scienza? Ripeto, il “Green Pass” è un vergognoso obbligo, non una libera scelta, e per ragioni evidenti. Si ricorre a tali ipocrisie perché, se il Governo facesse una legge per l’obbligo vaccinale, incorrerebbe in una decisione critica da parte della “Corte Costituzionale” che imporrebbe subito, per esempio, di guardare bene la legge sui limiti d’età e sullo stato di salute, e questo Governo non può e non vuole rischiare la Corte. Ora c’è Draghi, ed è evidente che vi è una tendenza da decenni in corso, sempre poco e sempre meno denunciata, ad accentrare i poteri, a saltare le assemblee rappresentative, a passare dalle leggi ai decreti senza un legittimo iter. È una deriva pericolosissima quella a cui stiamo assistendo in piena “pandemia”, che ha accelerato dei sistemi dittatoriali, e di questo è necessario parlarne, anche senza fare paragoni con fenomeni autoritari del passato. Si

tratta di un “presidenzialismo surrettizio” dove tutti fingono di non vedere la crisi istituzionale che c’è. Molto più potente di una naturale libertà, è la naturale servitù come sapevano i grandi, da Montaigne in poi. Siamo per natura servi non liberi”.

30. GIANLUIGI PARAGONE

Gianluigi Paragone è nato a Varese nel 1971. E' un politico, conduttore televisivo e giornalista, Senatore della Repubblica dal 2018. Ha iniziato la carriera giornalistica al quotidiano "La Prealpina" che lo incaricò di seguire come inviato le attività di Umberto Bossi, Roberto Maroni e di altri membri della "Lega Nord" documentandone comizi e incontri. E' passato poi a "Rete 55, un'emittente televisiva locale della provincia di Varese dove ha lavorato tra la fine del 1990 e il 2004 dirigendo i servizi di attualità. Nel 2005 viene scelto per guidare "La Padania" e mantiene il ruolo di Direttore per due anni, per passare poi al quotidiano "Libero" in cui riveste la carica di Vicedirettore e, per un breve periodo, nel 2009, di Direttore Vicario in sostituzione di Vittorio Feltri. Passato alla Rai, ad Agosto 2009 viene nominato Vice Direttore di Rai 1, ma a Settembre passa a Rai 2. Avvicinatosi al Movimento 5 Stelle è attivo soprattutto contro il "Decreto Lorenzin" circa i vaccini obbligatori, e a Gennaio annuncia la sua candidatura alle politiche del 2018 divenendo Senatore. Ma a Gennaio 2020 viene ufficialmente espulso dal "Movimento" in seguito alla decisione del "collegio dei probiviri" che lo ritiene reo di violare le regole interne del partito, avendo votato contro la legge di bilancio decisa dalla maggioranza. Dopo l'espulsione, continua la sua attività da indipendente. Oggi è uno dei sostenitori più preparati e più accaniti delle teorie contro il "Green Pass".

"Da oggi il "Green Pass" limiterà illegalmente le nostre libertà e cito tre articoli della Costituzione Italiana, per intendere che il "Green pass" discrimina i vaccinati dai non vaccinati, così come i "no vax" sostengono che l'obbligatorietà vaccinale violi la libertà di scelta. L'articolo 16, che garantisce a ogni cittadino di circolare in qualsiasi parte del territorio nazionale. L'articolo 13, che parla dell'inviolabilità della libertà personale. L'articolo 32, che sostiene l'incostituzionalità dell'obbligatorietà vaccinale in quanto una persona non deve essere obbligata ad alcun trattamento sanitario. È necessario quindi evitare la discriminazione diretta o indiretta di persone che non sono vaccinate, per esempio per motivi medici, perché non rientrano nel gruppo di destinatari per cui il vaccino "anti COVID 19" è attualmente somministrato o consentito, come i bambini, o perché non hanno ancora avuto l'opportunità di essere vaccinate. Tutto ciò in conformità del diritto dell'Unione Europea e degli Stati membri che non possono limitare il diritto fondamentale alla libera circolazione per motivi di sanità pubblica. Infatti, tutte le restrizioni alla libera circolazione delle persone all'interno dell'Unione attuate per limitare la diffusione del "SARS-CoV-2" devono basarsi, se mai, su motivi specifici, ma è necessario che tali limitazioni siano applicate conformemente ai principi generali del diritto dell'Unione, non con qualsiasi tipo di discriminazione. Tutte le misure adottate dovrebbero pertanto essere strettamente limitate nella portata e nel tempo, in linea con gli sforzi volti a ripristinare la libera circolazione all'interno dell'Unione, e non dovrebbero andare al di là di quanto strettamente necessario per tutelare la salute pubblica. Tali misure dovrebbero inoltre essere coerenti con le misure adottate dall'Unione per garantire la circolazione libera e ininterrotta delle merci e dei servizi essenziali nel mercato interno, compresa la libera circolazione di forniture mediche e personale medico e sanitario, attraverso i valichi di frontiera di cui alla Comunicazione della Commissione del

23 marzo 2020 sull'attuazione delle corsie previste dagli orientamenti relativi alle misure per la gestione delle frontiere destinate a tutelare la salute e garantire la disponibilità di beni e servizi essenziali".

Paragone non è un pericoloso "no vax"!

31. ALTRI ESEMPI DA CITARE

C'è qualcosa di incredibile e di strano in tutto questo movimento relativo alla "pandemia", al vaccino e al "Green Pass", perché se da una parte ci sono personaggi terribili che orbitano nel campo della politica e dell'informazione di cui ci occuperemo tra pochissimo, dall'altra emergono personaggi da cui non ti saresti mai aspettato una presa di posizione così forte e democratica, e questo va sottolineato.
Cito prima di tutto Mario Giordano (vaccinato) che, con la sua trasmissione "Fuori dal Coro", si sta veramente battendo e mettendo al servizio degli italiani per i loro diritti e per le loro libertà.
Ma anche Nicola Porrro (vaccinato) con la sua obiettività e pluralità di pareri degli ospiti che ha.
Inoltre cito anche Maurizio Belpietro, Daniele Capezzone, Daniela Santanché, Giorgia Meloni e Matteo Salvini, con i quali spesso mi trovo in un totale disaccordo ideologico. Ma non mi importa dove stanno politicamente, m'importa cosa dicono e fanno con obiettività e intelligenza, almeno in questo frangente, per contrastare non solo delle violazioni palesi come il "Green Pass" e l'eventuale obbligo vaccinale, ma anche il servizievole, prezzolato, falso, manipolatorio e dispotico potere dell'informazione, il cosiddetto "Quarto Potere", che sta violando qualsiasi regola etica e deontologica facendo danni a non finire.

32. QUARTO POTERE

La locuzione "quarto potere" (che è anche il titolo di un noto film del 1949 diretto da Orson Welles, Premio Oscar) si riferisce, in sociologia, alla funzione dei mezzi di comunicazione di massa come strumenti della vita democratica, o così dovrebbe essere. Quindi il "quarto potere" in definitiva è l'informazione, che oggi, come molte altre volte ormai, ha perso, perché quando il potere, o un qualsiasi governo deve costringere l'informazione a manipolare le notizie, o a tacere su altre, vuol dire che di queste notizie ha paura. Difatti i maggiori nostri mezzi d'informazione nazionale oggi lo fanno, e meno male che c'è il web che viene sommerso da post e filmati che, con le dovute cautele, ci tengono informati. Ormai dire VERGOGNA è diventato pleonastico. Non si ferma la verità!

33. L'INFORMAZIONE NOSTRANA

Diciamo che la nostra informazione al momento attuale non è delle migliori, soprattutto perché è conformata e uniformata per un unico scopo, quello di andare a senso unico e senza contradditorio. Diciamo anche che ormai in televisione conduttori e presentatori contano meno dei virologi, che sono le vere star del video, ma solo quelli che il regime ha deciso che possono parlare, perché gli altri devono rifugiarsi nelle nicchie delle medie e piccole tv private, che non hanno poi un grande impatto mediatico.
E faccio un paio di esempi di manipolazione per poi passare a descrivere alcuni personaggi che non saprei neanche come definire.
Questo un titolo veritiero: **"In centomila a Roma per dire No al Green pass. E ora tocca ai camionisti"**
E in effetti quel sabato a Roma, per la protesta in Piazza San Giovanni, c'erano oltre centomila persone, documentate anche da video che non lasciavano dubbi, ma Rai 1, Rai 2, Rai 3, Canale 5, Rete 4, Italia 1 e La 7 sono stati concordi, alcuni nel non dare neanche la notizia, altri dicendo che alla manifestazione avevano presenziato solo qualche centinaio di persone.
Ma anche per la protesta di centinaia di camionisti del lunedì successivo è stata la stessa cosa, dicendo che in tutta Italia la viabilità era stata più libera del solito, addirittura.
E poi c'è anche qualcosa d'inquietante che riguarda le violenze che verrebbero perpetrate normalmente dai "no vax" che sarebbero pericolosi terroristi, tanto è vero che, a un certo punto sarebbero venuti fuori dei selvaggi attentatori, tanto terribili che le notizie sugli attentati che avrebbero voluto mettere in atto se le sarebbero scambiate in chiaro

sui "social". E, oddio, c'è da tremare per questi, che se davvero ci fossero, sarebbero solo dei poveri imbecilli. Però, è ancora più strano che, dopo essere stati individuati, nessun nome è venuto fuori, tanto che di questo non si parla neanche più. Insomma c'è da stare freschi se le notizie dobbiamo averle da virologi del calibro di Bassetti, Galli, Pregliasco, Capua, Galavotti e Viola, tutti delle "cime" che improvvisamente sono diventati, grazie alla tv, coloro che detengono la scienza e che, guarda caso sono d'accordo sia sul "Green Pass" che sull'obbligo vaccinale, mentre scienziati di fama internazionale vengono bellamente ignorati. Ma loro sanno come muoversi e perché, dato che i compensi che ricevono per qualche minuto di comparsa in video li stanno rendendo ricchi e non possono dire cose diverse, altrimenti le tv non li chiamerebbero più.

Che dire di Giovanni Floris con il suo "Di Martedì" o della Gruber su In Onda? Che la cosa migliore che sanno fare è darsela ad intendere tra loro? Cioè tra quelli che la pensano allo stesso modo a cui danno spazio mentre tarpano le ali a tutti gli altri? Oppure di Formigli, la copia di Santoro, che si difende dicendo che lui ha preso una posizione e che quindi non gli frega un cazzo del resto? Tanto è vero che il contraddittorio non sa manco cosa sia, ed è pure violento se qualcuno esprime un parere contrario al suo. E c'è anche Mentana, il sosia di Crozza, che oltre ad essere un "pro vax" più che convinto, alla fine di ogni telegiornale deve chiudere con le quotazioni del Nasdaq, che la maggior parte degli italiani non sa neanche cos'è e se mai che interessa a tre o quattro persone in tutto.

Ma devo dire che la palma dei migliori va a David Parenzo e Concita de Gregorio, che poi è quello che ha detto che "i rider dovrebbero sputare nei cibi dei "no vax"" e che, solo per questo, la televisione non dovrebbe farla, ma dovrebbe solo vederla da casa, l'altra è la saccente, presuntuosa e "piuttosto antipatica" Concita de Gregorio che, prima di tutto la televisione non la sa fare, e poi che parla solo lei, interrompe gli ospiti continuamente, si guarda nei monitor per vedere se è bella, entra a sproposito nelle discussioni e spesso fa citazioni "culturali" che lasciano perplessi, se non addirittura da denuncia. Come quando ci fu un servizio che parlava di un professore che non veniva ammesso a scuola perché senza "Green Pass", al quale dissero e imposero che non poteva fare lezione nonostante il certificato del suo medico di base che attestava patologie per cui non avrebbe nemmeno potuto vaccinarsi. E Concita bellamente affermò: "e beh, tanto lo sappiamo come vengono fatti questi certificati", praticamente dando del disonesti e delinquenti a tutta la categoria dei medici di base. Che ci vogliamo fare, niente! Ignoriamoli, a starli a sentire si perde solo tempo! Purtroppo però, da tutta questa massa di notizie tendenziose e manipolate, scaturiscono i disordini e gli sfaceli che ci sono stati oggi a Roma (9 Ottobre 2021) durante una manifestazione che ha distrutto tutto, e che distrugge la democrazia. Ma credo che ne vedremo delle belle il prossimo 15 Ottobre, quando questo libro uscirà, con un invito a tutti a pensare che, come si dice, "la calma è la virtù dei forti" e che, sia le battaglie che le guerre non si vincono ormai con i bastoni, ma con il cervello, come sto tentando di fare io con questo scritto, pur affermando cose forti che ritengo giuste, ma che non voglio istigare nessuno alla violenza, se mai a una dissidenza passiva, dove sedersi per terra in sit-in dove si porta la mascherina se non si è vaccinati. Il che non vuol dire che non si sottolineino le violenze, verbali o meno degli

altri, ma si dimostra al mondo la nostra buona fede e, soprattutto che abbiamo ragione.
Purtroppo, devo anche dire che, tutto questo lo avevo previsto un anno fa in tempi non sospetti, con un mio libro che si intitola “Il fuoco e la cenere” che anticipava quello che sta succedendo oggi e che, purtroppo succederà.

34. MIE CONSIDERAZIONI SPARSE

Partiamo dal presupposto che la libertà è un valore di cui non possiamo fare a meno nella nostra vita, e ognuno di noi deve poter decidere sulla propria esistenza e sulle proprie scelte, rispettando certamente la libertà degli altri. Ma sono troppi coloro che infangano questo principio lasciando spazio all'egoismo, credendo di poter fare quello che vogliono, fare e disfare a dispetto del prossimo senza alcuna nobiltà d'animo. E se avete visto la televisione ultimamente, ascoltato i Tg e girato sui "social", d'ora in poi regolatevi e scrivete solo di Pippo, Pluto e Paperino, altrimenti nell'esprimere le vostre legittime opinioni rischiate di essere denunciati per istigazione alla violenza. Ottimo essere imbavagliati..., "ma Pippo Pippo non lo sa che quando passa ride tutta la città...". Questa è una delle mie canzone preferite che nel sembrare banale, quando fu scritta nascondeva cose ben più importanti, tanto è vero che, ad ispirare la composizione del brano fu, secondo l'opinione più diffusa, il gerarca fascista Achille Storace che aveva l'abitudine di passeggiare impettito in camicia nera, suscitando l'ilarità della popolazione. Il brano dovette così fronteggiare la censura di regime, dato che l'allusione appariva piuttosto chiara.

E, mannaggia, io zitto non ci sto, cadesse il mondo.

A proposito di mondo, lasciamo stare che ci sono solo tre Paesi che hanno adottato l'"obbligo vaccinale" o forme simili al "Green Pass", e sono l'Indonesia, il Turkmenistan e la Micronesia, ma in Europa non ce n'è nessuno, nemmeno che ne prospetti l'idea. Anzi, molti stanno addirittura procedendo al contrario. Ma noi ci siamo nella "Comunità Europea" o no? Oppure ci siamo solo quando ci pare? Quindi perché l'Italia dovrebbe farlo? Siamo più furbi degli altri? O

pensiamo di voler essere da esempio con tutte le schifezze che il nostro Stato ha al suo interno? Non tenendo conto, poi, di tutto ciò che implicano provvedimenti del genere. Basti pensare solo a una cosa: nel caso, l'Italia sarebbe l'unico Paese dove esiste l'obbligatorietà, di conseguenza dovremmo allora chiudere le frontiere, perché dall'estero arriverebbero comunque i non vaccinati...e quindi? Lasciando perdere gli eventuali controlli che si dovrebbero fare in stazioni, porti e aeroporti, controlli che non ci sono mai stati o, se ci sono stati, erano e sono all'acqua di rose. Per cui il problema rimarrebbe, perché ormai si sa che i vaccinati sono comunque un veicolo di contagio.
Brava Italia, insomma, dove, quando una persona ruba, e sono in tanti, specialmente nei “palazzi” del potere, commette il reato di "furto", quando una persona uccide commette il reato di "omicidio", quando una persona supera il limite di velocità guidando commette l'infrazione di "eccesso di velocità". Ogni cosa al massimo è inquadrata e descritta in tre parole che si capiscono subito. E una persona che non si vuole vaccinare che tipo di reato o infrazione commette? Non esiste nemmeno la dicitura per un reato o un'infrazione simile, sempre che di reato o infrazione si tratti, cosa che non è. Ma proviamo a vedere allora come chiameremmo questa follia: reato di "sottrazione alla puntura"? O "tentata infestazione di massa"? Oppure "resistenza passiva a pubbliche stronzate"? Però si potrebbe anche introdurre il reato di "sfiducia nelle istituzioni e nella scienza", o quello di "resistenza passiva ai soprusi". Ecco, come vedete non è nemmeno facile, anzi direi impossibile, inquadrare l'ipotesi di reato o d'infrazione in uno spazio circoscritto e per descriverla ci vorrebbe una pagina di verbale inventandosi pure termini e circostanze. Credo che già da questo si capi-

sca l'inconsistenza, la banalità, ma in particolare, la volgarità di provvedimenti autoritari che gli italiani non meritano. Intanto per i non vaccinati si parla di "attentato alla salute pubblica", e ciò mi dà modo di fare una domanda a tutti coloro che la pensano diversamente da me, i quali mi dovrebbero dire, se mai, come si configura questo reato, dato che l'attentato è un reato preciso che attiene all'azione diretta, attiva, consapevole e voluta di chi lo compie. Vivere e respirare, almeno fino ad ora, non sono azioni attive ma necessarie, tanto meno sono azioni attive di rifiuto, ma sono azioni chiaramente passive, per cui il reato non si configura. A meno di non considerare reato il vivere e il respirare. Oltretutto non esiste nemmeno la certezza del reato eventualmente, perché non è detto che chi rifiuta il vaccino infetti qualcuno, perché il non vaccinato è una persona sana fino a prova contraria, e anche se fosse ammalata, potrebbe trattarsi solo di una possibilità. Che vogliamo fare allora, condannare a priori persone sane o per una possibilità? Cesare Beccaria, il meraviglioso autore di "Dei delitti e delle pene", mi sa che si stia rivoltando nella tomba, ma se fosse vivo invocherebbe subito la certezza del reato per la quale, se mai, quale sarebbe la giusta pena da comminare? Tutto questo non regge e non reggerà mai legalmente. È terribile doverlo sottolineare perché mi parrebbe scontato. Un conto è dire "io credo nella scienza e nel vaccino, e siccome ci credo mi sono vaccinato. Per questo lo consiglio a chiunque". Altro, come succede sempre più spesso, è dire perentoriamente e con arroganza "siccome io credo nella scienza e nel vaccino, me lo sono fatto, sono sicuro che il vaccino è l'unica soluzione (cosa non vera in assoluto) quindi, siccome me lo sono fatto io, obbligatoriamente se lo devono fare tutti". Non mi pare poca la differenza. Per cui ritengo che la democrazia e la li-

bertà bisogna averle ben radicate nella testa sempre e non sono concetti che vanno sbandierati e invocati solo quando ci fa comodo. Quello si chiama "opportunismo", e la negazione delle libertà si chiama "dittatura", che sia sanitaria o meno. Ma dalla sanitaria al resto il passo può essere breve.
Comunque torniamo un pochino indietro dicendo che il normale vaccino antinfluenzale, chi decide di farlo, lo fa una volta l'anno poco prima che il virus arrivi, e poi non ci si pensa più fino all'anno dopo. Per il vaccino "anti Covid" siamo già alla terza dose in un anno. Non vi sembra che ci sia qualcosa che non torna? Quindi la copertura se mai dura solo tre mesi e sarà un continuo mettersi in corpo sostanze chimiche? La natura vuole questo? E pensare che, ancora prima, il cavallo di battaglia contro il Covid, per chi comanda, era l'attesa. Infatti per questi, il Covid, prima si doveva affrontare con "Tachipirina e vigile attesa", appunto con la Tachipirina che ha causato morti a non finire (vero o no Professor Bassetti?) e poi la "vigile attesa" di che? Cioè se vigili e non muori va bene, ma se muori amen, di là ti faranno "vigile atteso"? Sì, da san Pietro! Ma anche per i vaccini c'è l'attesa. Leggete il protocollo per le persone a rischio e vedrete che non c'è nessuna categoria che non può affrontare la vaccinazione, nonostante i pareri dei medici di base; il vaccino si può iniettare a chiunque, basta attendere il famoso quarto d'ora dopo, e anche qui, se non muori sei a posto, tranne per il fatto che migliaia di persone hanno avuto effetti avversi gravi in seguito, e in seguito sono pure morte. Vabbeh, mi comprerò una sveglia.
Comunque il dizionario "Oxford Languages" definisce il "sillogismo" come il tipo fondamentale di ragionamento deduttivo della logica aristotelica, costituito da una premessa maggiore affermativa o negativa, da una premessa minore e

da una conclusione derivata necessariamente. Questo mi serve per spiegare una cosa semplice agli accaniti sostenitori del "Green Pass", del vaccino e dell'obbligatorietà dello stesso, i quali non si rendono conto che mentre si scagliano stoicamente contro i non vaccinati, nello stesso momento negano quanto affermano. Mi spiego meglio. Chi si comporta come ho descritto più sopra dice di credere fermamente nella totale utilità del vaccino, per questo si è vaccinato, tanto che con l'80% si dovrebbe essere raggiunta la famosa "immunità di gregge" (locuzione assai strana per degli umani). Però non basta, perché pretende che obbligatoriamente si vaccini anche il restante 20%, dato che ha paura di essere contagiato da questo. Quindi, se 2 + 2 fa 4, negano chiaramente che il vaccino abbia l'utilità che sbandierano, per cui dovrebbero smetterla se non vogliono darsi la zappa sui piedi. Aristotele mica era uno scemo! Allora chiedo due cose, tanto per. Chi ha sempre fatto il vecchio vaccino per la vecchia e cara "influenza stagionale" si è mai preoccupato così tanto di poter essere contagiato? Si è mai sognato di obbligare gli altri a farlo? Eppure i morti c'erano anche qui. Quindi a che serve un vaccino che ti costringe ad essere sempre preoccupato? Vuol dire che si ha paura che non funzioni, per cui qual è il problema se poi c'è gente che non ci crede e preferisce tutelarsi con altri mezzi? Non capisco davvero, e non è una provocazione. In ogni caso, ormai, la mattina molti italiani come me si svegliano e gli incubi non rimangono nei sogni della notte, affiorano appena la coscienza si riprende. Non bastava l'incubo del Covid che ci ha cambiato la vita per sempre, ma ora ne abbiamo anche un altro, che è quello di un Governo che non ci garantisce e non ci protegge, anzi di un Governo verso il quale bisogna essere vigili e attenti. E qui sì che serve la "vigile attesa",

perché appena ti distrai è un attimo prenderlo in quel posto. Tra l'altro mi faccio anche spesso un'altra domanda, proprio io che sono sempre garantista: perché se penso a Mario Draghi, d'istinto, mi vengono in mente immagini nere di gente che trama nell'ombra? Perché se penso alla "Porta dell'Inferno" mi vengono i brividi? Non dovrei avere nessun motivo o timore per questo e non è né un pregiudizio, né un partito preso, né una cosa voluta. Mi torna anche in mente la scena di un mio libro, la mia fiaba "Primo Decimo e la Pozza d'Acqua" dove a un certo punto, tornati indietro nel tempo, un cane che si chiama Tom, fa la pipì sulle scarpe del mefistofelico Richelieu, gesto che porterà a scoprire le sue malefatte. Ecco, con Draghi mi sento di rivivere i momenti "scuri" e terribili della Francia di quei tempi. Non lo faccio apposta, ma non mi fido di quest'uomo che sembra non avere sentimenti. E gl'incubi continueranno... per quanto ancora e come?
Tuttavia aveva proprio ragione il "Marchese del Grillo" che rivolgendosi al popolo diceva "Io so' io, e voi non siete un cazzo". Provate a immaginare chi è ora in Italia il "Marchese" che la pensa proprio così e che decide per tutti coloro che devono stare zitti e abbassare la testa per un tozzo di pane. E si abbassa la testa davvero, se si permette che una persona sola, e un manipolo di "leccaculo poltronisti" non facciano solo il bello e il cattivo tempo, ma molto peggio. Sarà soddisfatto ora il nostro Salvatore di questa Patria che non esiste vedendo che in molti perderanno lo stipendio non potendo dare da mangiare ai propri figli. O che queste persone si sentiranno umiliate e offese nell'aver dovuto cedere per bisogno e per paura, perdendo tutta la loro dignità di uomini. Tutto senza alcun bisogno reale e perché c'è chi non può vaccinarsi o non vuole come sancisce la Costituzione e come è nel dirit-

to di chiunque. E i benpensanti diranno che basta vaccinarsi per non avere problemi, non capendo che è la libertà di esistere che si perde, calpestati nel proprio onore, onore che nessuno ti ridarà mai più e che dovremo vedere sprofondare nel fango molte altre volte. Perché non finirà qui. Ed è inutile che il "Marchese" sbandieri un interesse nazionale di cui non gli frega niente, ripetendo al popolo "Io so io, e voi non siete un cazzo". È un suicidio insomma, come tanti veri a cui assisteremo, vedrete, sperando solo ci sia una giustizia divina che ci conforti e ci supporti.
Ma poi, siamo sicuri di essere in Italia e non nella Corea del Nord del dittatore Kim Jong-un? Perché nonostante i filmati, gli articoli, le interviste e quant'altro che parlano di milioni di persone che sono contro il "Green Pass, si aprono sempre i servizi giornalistici sbandierando invece la sua estrema validità come unica soluzione, sia sanitaria che per la ripresa economica. Poi, se mai, in 30 secondi si danno le notizie delle manifestazioni contrarie, parlando però di solito come se fossero solo un manipolo di persone a protestare, oltretutto violente. Infatti, nella manifestazione di Roma in Piazza San Giovanni, non erano più di centomila i dissidenti, ma qualche centinaio. "Manipolazioni di regime" belle e buone. Ma la Schilirò, uno dei vecequestori di Roma, dati alla mano, parla di 15 milioni di persone che sono contro il "Green Pass", pronte a fermarsi, come i camionisti faranno sempre più spesso bloccando tutto se necessario. Ma ci sono anche altre ulteriori prove delle manipolazioni in atto. Più prova di quella del bravo Gianni Morandi? Un eroe che in una foto si vede insieme a un'infermiera senza guanti, con la siringa col tappo sull'ago nell'atto di vaccinarlo. Una deliberata falsità, e se volete proprio servirvi di queste "puttanate", almeno fatele bene! Ma è tutto

molto strano, perché i dati ufficiali dicono delle cose, ma poi, sulla mia home di FB continuano a passarmi davanti molti post di persone che pubblicano notizie circa il numero dei vaccinati, di chi sono realmente, circa i morti per Covid vaccinati e non, e gli altri a causa del vaccino, oppure per gli effetti avversi gravi del siero, perché di un siero si tratta piuttosto che di un vaccino. Sono notizie pubblicate da una moltitudine di persone, ma nessuno ne parla nei tg o nei talk nazionali. Perché? Perché Mattarella, Draghi, Speranza o Letta per queste vittime non spendono nemmeno una parola di cordoglio? Esistono morti di serie A e di serie B? Ma se si tratta di far passare i responsabili delle trattative Stato Mafia come vittime di giustizialismo, allora sì che si fanno sentire! Che schifo.
E c'è una parentesi che apro volutamente e che forse poco c'entra con il Covid, ma che è e rimarrà tra le cose che non vanno in questo nostro Stato, dove abbiamo visto anche la sentenza scandalosa contro Mimmo Lucano. Allora ecco cosa significa il male, significa condannare un uomo per bene e lasciare liberi i veri delinquenti che ci sono in giro, comminargli addirittura il doppio della pena richiesta dal PM, senza che abbia fatto nulla, tanto per far capire che la testa di chiunque deve rimanere bassa, altrimenti sono guai. E qui Mattarella e Draghi non intervengono, non si indignano, nemmeno fanno un accenno a questa vergogna. Già, forse sono troppo impegnati con i lavori per l'apertura della "Porta dell'inferno", così, il male e l'inferno, ce li avremo in casa. Tutta la mia solidarietà va a Lucano con un grande abbraccio virtuale. Guardatelo in faccia quest'uomo, non è lui il male.
"Ho conosciuto Mimmo Lucano qualche anno fa a casa di un amico comune, Gianni Miná..." dice Fiorella Mannoia

"...ho 67 anni, ho visto, parlato, conosciuto, frequentato tanta gente, la più disparata, di tutte le categorie sociali, di tutti gli ambienti...quando ho guardato negli occhi quest' uomo, prima ancora che parlasse, avevo percepito che avevo di fronte un uomo per bene, le sue parole hanno confermato subito quello che il mio istinto mi aveva già comunicato. Mimmo Lucano è una brava persona, un uomo che crede in ideali ormai estinti, che ha realizzato un sogno e ci ha dimostrato che un mondo migliore è possibile. Lo ha fatto in un piccolo paese abbandonato nell'entroterra della Calabria, una terra dimenticata, umiliata da anni da una classe politica inetta e corrotta. Nel piccolo comune di Riace ha creato un microcosmo di pace. Mimmo Lucano è un moderno Don Chisciotte che ha continuato a battagliare contro i mulini a vento, senza tornaconto, senza interessi personali, Mimmo Lucano non ha patrimoni, non possiede niente, non può permettersi neanche un avvocato, Mimmo Lucano non ha niente altro che l'affetto e la stima di tante persone che gli vogliono bene. Ma proprio per questo andava punito e ha avuto il doppio della pena che era stata chiesta dal PM. Perché il suo modello era pericoloso, era un cattivo esempio per chi vuole che " tutto cambi, perché nulla cambi".
A proposito, sapete perché si dice "Piove, governo ladro!"? Perché è uno slogan che da mo' i cittadini usano contro i governi e in generale, contro il "potere costituito", ladro per definizione e colpevole di tutti i mali possibili e quindi anche della pioggia. La frase nacque come didascalia di una vignetta, nel 1861, quando i "mazziniani" avevano preparato a Torino una dimostrazione; ma il giorno fissato pioveva forte, e la dimostrazione non si fece. "Il Pasquino", una rivista satirica, pubblicò allora una vignetta di Casimiro Teja, rappresentante tre "mazziniani" al riparo della pioggia di-

rotta e ci mise sotto la legenda: "Governo ladro, piove!". Beh, non è cambiato molto, anzi niente direi, dal 1861, salvo che oggi forse stiamo peggio. E tanto per suffragare il concetto di Governo attuale, non dico ladro, ma incompetente quanto meno, c'è da sapere che, su 12 Ministeri che abbiamo, solo in due casi come ministro c'è una persona che potrebbe essere competente, sottolineo potrebbe, e che ha una laurea adeguata, come Alfonso Bonafede che è il "Ministro della Giustizia" ed è laureato in Giurisprudenza, e Giorgetti allo "Sviluppo Economico" con una laurea in Economia Aziendale. Per tutti gli altri, dei quali diversi sono solo appena diplomati, pare che la scelta di 'sto dio Draghi sia stata fatta "ad minchiam". Mi dite che c'entra il ministro Bianchi all'"Istruzione" con una laurea in Scienze Politiche? Oppure Orlando, Ministro del Lavoro, che ha appena un diploma del liceo scientifico? E la Bonetti alle "Pari Opportunità" con un dottorato in Matematica? Come fa uno Stato a funzionare se è gestito da 'sti geni con a capo il più genio di tutti? Ma, non riferendomi a Draghi, per carità. Pensavo già che il mondo fosse pieno di persone con problematiche, ma non che ce ne fossero così tante. Nessuno si arrabbi, a meno che non faccia parte di queste! Pensavo anche già che il mondo fosse pieno di amebe, parassiti, leccaculo e opportunisti senza proprie idee che seguendo a testa bassa il gregge cercano l'"immunità di gregge", ma che fossero così tanti no. Nessuno si arrabbi, a meno che non faccia parte delle amebe, parassiti, leccaculo, opportunisti e del gregge, senza proprie idee che seguendo a testa bassa il gregge cercano l'"immunità di gregge". E ancora pensavo già che il mondo fosse pieno di "draghi" e "speranza", ma non pensavo che i "draghi" e la "speranza" ce li ritrovassimo tra i coglioni per farci un culo così! Nessuno si arrabbi, a meno che non faccia parte dei "draghi" o della "speranza". E tu "figliuolo" mio, tu che sei magico, usa la penna nera fatata che porti sul cappello e ridacci la speranza che i draghi spariranno presto. Trova un vaccino che ci ridia la speranza, ma senza "draghi".

E se dobbiamo parlare di creature mitologiche io proverei a studiare il Professor Bassetti, questa "eccellenza" della nostra medicina che non n'azzecca una, perché, secondo me, deve avere qualcosa che non torna rispetto al Premio Nobel. Difatti prima se l'è presa con Montagnier definendolo "vecchio rincoglionito", e ora ce l'ha col fisico Parisi. Ma forse è più semplice la questione, perché magari è incazzato perché il Nobel lo vorrebbe lui visto che si ritiene una "genio", e forse glielo daranno, ma per via indiretta, dato che è uno degli esempi più lampanti di "darwinismo", ma lui afferma di essere "figo" e non ci può fare nulla se piace, quindi il Nobel glielo daranno pure per la "convinzione" e il "narcisismo".

Ora, quasi in conclusione di questi miei pensieri che potrebbero sembrare sconclusionati, non per continuare a fare fare polemiche, ma per continuare a fare polemiche, mi chiedo: "i sostenitori del "Green Pass" ci arrivano a capire che l'altro giorno ci sono stati genitori che hanno votato in scuole dove però non possono accompagnare i propri figli all'inizio e alla fine delle lezioni?". Ci vuole tanto a capire che il "Green Pass" è una minchiata? E che dire del fatto che il "Green Pass" vale un anno, praticamente tre volte più della durata del vaccino? Io non lo so, ma a me non pare difficile arrivarci. Cosi arrivare per arrivare, arriviamoci col ragionamento a pensare che mentre scrivo siamo a Ottobre 2021, sapendo che non è vero che non aumenteranno le tasse, sapendo per certo che aumenteranno luce e gas, che aumenteranno la benzina e altri generi di prima necessità, che arriveranno le cartelle maledette di Equitalia, e che potrebbero esserci persone non vaccinate che dal 15 di questo mese potrebbero perdere lo stipendio. Sapendo inoltre che un solo euro non è arrivato nelle tasche di chi ha avuto problemi per il Covid, sapendo che la forbice tra ricchi e poveri aumenterà e che ci saranno altre cose negative su cui non mi dilungo. Non sappiamo invece quali sono i provvedimenti presi dal Governo per combattere la "crisi" e aiutare gli italiani, a meno che non si vogliano far passare per provvedimenti i "bla bla" e le promesse, che per ora non sono state mantenute e che non si sa se lo saranno. Perché allora Draghi sarebbe il "Salvatore della Patria" e potremmo ritrovarcelo addirittura come Presidente della Repubblica? Io non lo voglio! Non so voi.. Ma ci sono dei concetti in cui credo e in cui non smetterò di credere, come quello che "A chi in cielo sputa in faccia ritorna", che è un vecchio mantra calabrese veritiero, e che dice che chi si comporta male, facendo agli altri quello che non verrebbero fosse fatto a loro, deve stare certo che subirà le stesse cose e gli stessi trattamenti, a quel punto però forse lamentandosi e prendendosela con il destino. C'è da fare attenzione, e non mi riferisco particolarmente al Covid o quant'altro legato a questo, mi riferisco proprio ai comportamenti delle persone irrispettose che, tra l'altro, non sanno che di solito, lo sputo di ritorno dal cielo, sarà maggiore di quello lanciato da loro stessi, tipo pioggia. Io ci penserei… e Dante con il suo Inferno e con le pene inflitte ai peccatori ci ha pensato prima di me, e anche molto meglio direi!

EPILOGO

35. DANTE

"Per me si va ne la città dolente,
per me si va ne l'etterno dolore,
per me si va tra la perduta gente.
Giustizia mosse il mio alto fattore:
fecemi la divina podestate,
la somma sapienza e 'l primo amore.
Dinanzi a me non fuor cose create
se non etterne, e io etterno duro.
Lasciate ogne speranza, voi ch'intrate".

Il testo di Dante serve per mettere in guardia chi sta per entrare all'Inferno, infatti c'è una porta di sola andata, un'andata che durerà in eterno e che una volta varcata la porta, non ci sarà alcuna speranza di ritorno.

Il significato è piuttosto chiaro di per sé, ed è che tutte le anime, prima di morire sulla Terra, non pentite per i loro peccati, dovranno lasciare ogni speranza di poter vedere Dio o di andare in purgatorio per redimersi.

Il "Canto terzo dell'Inferno" di Dante Alighieri ha come ambientazione l'"Antinferno", ovvero il luogo dell'oltretomba dove sono tenuti gli ignavi e che precede l'entrata dell'Inferno vero e proprio. Quando Dante e Virgilio giungono di fronte alla "Porta dell'Inferno, il primo non può far altro che notare la scritta "scura" e misteriosa posta su di essa e, non avendone afferrato subito il senso, ne chiede a Virgilio il significato.

Ma quest'ultimo lo ammonisce dicendogli che non deve aver paura di entrare nell'Inferno e che piuttosto deve prepararsi per affrontare la visione delle anime tristi dei dannati lasciando ogni esitazione, sospetto e titubanza, essendo

questo un luogo dove si incontrano le persone che hanno perduto Dio, il bene intellettuale per eccellenza.
E anche noi dovremo perdere ogni esitazione e titubanza, quando il prossimo 15 Ottobre la "Porta dell'Inferno" sarà aperta al Quirinale, per essere forti e credere che alla fine il bene trionfa. Anche se il pensiero potrebbe essere pragmatico, e non è detto.

36. IO

Vorrei essere Dante, ma non lo sono:

Lo scempio a cui assisto
rivela verità nude e palesi,
verità tristi di fronte
a nubi fatte di niente.
Sintomi falsi
di croci senza delizie,
così biechi
da far stagnare la nebbia
che copre i misteri bugiardi.

FINE

NOTE SULL'AUTORE

Biagio Pirìto – Scrittore

Biagio Pirìto è nato nelle Marche e ha vissuto in Toscana per molto tempo. Dopo una breve carriera da calciatore professionista si è trasferito a Genova dove vive tutt'ora. La sua passione per la fotografia e la regia lo hanno portato in seguito a intraprendere la carriera di fotografo di moda e regista di eventi, nonché quella di regista televisivo lavorando per diverse emittenti private e, infine, anche per Rai 3 Liguria. Più di recente ha lavorato per un circuito radiofonico nazionale come ideatore di programmi e conduttore, realizzando moltissime interviste con i più importanti personaggi dello spettacolo, della musica e della televisione, gestendo anche due sue idee relative alla satira di cui una intitolata "Vaffaradio" e l'altra "Sale, pepe e peperoncino". Ha ideato e gestisce anche il "Premio Colombo Italia - America", un riconoscimento assegnato ogni anno (dal lontano 1992) a personaggi di diverse categorie, sia dello spettacolo che della vita sociale.

ALTRE PUBBLICAZIONI DELL'AUTORE:

- "INDOVINA CHI VIENE A CENA"
  Edizioni Agemina

- "LA BUSSATINA"
  Salento Books – BesaEditrice

- "PRIMO DECIMO E LA POZZA D'ACQUA"
  Edizioni Lalbero

- "IL FUOCO E LA CENERE"
  Edizioni WE

- "MORTE SULLA 107"
  CTL Edizioni Libeccio

- **"UNA STRANA GIORNATA"**
  Edizioni WE (scritto con Katia Bruno)

I libri dell'Autore sono disponibili nei principali store online (Amazon, Giunti al punto, ecc…) e nelle più importanti librerie.

NOTE SULL' AUTRICE DELLA PREFAZIONE

DANIELA CASADIDIO - PITTRICE

Daniela Casadidio é una pittrice marchigiana diplomata all'istituto d'arte di Fabriano. Dalle Marche si trasferisce a Milano dove prosegue la sua formazione artistica nella "bottega" del maestro Emanuele Vittorio. Della sua arte hanno scritto molti critici, mentre tante sono le recensioni apparse su riviste e giornali specializzati. Le sue opere figurano in collezioni private e pubbliche in Italia e all'estero, é presente nelle maggiori fiere d'arte con la Contemporart di Nonantola in provincia di Modena.

NOTE SULL' AUTRICE DELLA COPERTINA

MICHELA SERENA – DOCENTE E SCRITTRICE

Nata a Brescia, dopo la laurea ha intrapreso un percorso professionale pedagogico legato, a ragazzi diversamente abili e detenuti in carcere o sottoposti a misure alternative. Dopo passaggi di vita importanti, oggi, diventa la maestra Michela, con un bagaglio pesante e tanta voglia di rimettersi in gioco e imparare, ancora una volta dai libri ma anche da loro, i piccoli destinatari del suo lavoro, nuovo solo formalmente in fin dei conti. Se educare vuol dire 'tirare fuori', non ha mai smesso di farlo.

www.ingramcontent.com/pod-product-compliance
Ingram Content Group UK Ltd.
Pitfield, Milton Keynes, MK11 3LW, UK
UKHW040021200726
13854UKWH00001B/296

9 791280 240873